掘金私域流量
游戏力营销

时燕 ◎ 著

中国经济出版社

图书在版编目（CIP）数据

游戏力营销：掘金私域流量/时燕著.——北京：中国经济出版社，2022.11
ISBN 978-7-5136-7149-1

Ⅰ.①游… Ⅱ.①时… Ⅲ.①营销管理 Ⅳ.①F713.56

中国版本图书馆 CIP 数据核字（2022）第200595号

项目策划	罗　幸　李万朋　马芊芊
策划编辑	燕丽丽
责任编辑	赵嘉敏
责任印制	马小宾
装帧设计	宁夏天阅文化发展有限公司

出版发行	中国经济出版社
印 刷 者	北京富泰印刷有限责任公司
经 销 者	各地新华书店
开　　本	710mm×1000mm　1/16
印　　张	13.5
字　　数	160千字
版　　次	2022年11月第1版
印　　次	2022年11月第1次
定　　价	58.00元
广告经营许可证	京西工商广字第8179号

中国经济出版社 网址 www.economyph.com 社址 北京市东城区安定门外大街58号 邮编 100011
本版图书如存在印装质量问题，请与本社销售中心联系调换（联系电话：010-57512564）

版权所有　盗版必究（举报电话：010-57512600）
国家版权局反盗版举报中心（举报电话：12390）　　服务热线：010-57512564

在这个快速发展的互联网时代,我仍然保持着一个习惯:喜欢用纸和笔来记录生活中的点点滴滴。例如,我的一些人生感悟,关于Smile社群的知识积累,关于游戏力营销的实操方法,关于私域流量的研究结论、读书记录等,都能在我的本子上找到详细的笔记。

按当下时髦一些的称呼,我可以把自己的笔记称为"营销笔记"。不知不觉,我已经用完了好几个厚厚的笔记本。这就是积累的力量,"积跬步以至千里"是绝对有道理的。

在翻阅笔记时,我突然发现自己竟然记录了这么多东西。这么多有用的积累,都是我这么多年在一线市场上得来的,弥足珍贵!我想把这些实践积累分享给更多人,于是我想到了出书。我是一个雷厉风行的人,说干就干。仅用了两天时间,我便与出版社商定好了出版细节,开始启动这本书的整理工作。

我也是一个很细心的人,这大概就是我多年一直研究游戏力营销这一概念的性格源泉。在我看来,人与人之间的精神交流远比单纯的物质交流更有意义,不管是"50后""60后",还是"70后""80后""90后""00后",人对情感的追求本质上都是一样的,只是情感表达方式和接收方式发生了变化而已。

爆个料，我至今还收藏着许多年前与同学、好友之间的书信，厚厚的一沓。我把它们装订在一起，偶尔会拿出来翻阅，找寻那个年代的记忆和我的青春年华。生活适当放慢一点，没有什么不好。

不知不觉，我已在社群领域深耕多年。在一线市场跑了这么多年，我曾经带着团队运用社群知识和方法帮助过很多实体企业，也曾做一场活动实现上亿元的销售额。

但是关于出书，我还是有很多不确定的地方。譬如，我想一股脑儿地把这么多年的经验和方法全部告诉读者，也想将全部的实操方法放进书中。但是考虑到书的整体框架和结构，我不得不重新思考这本书到底要聚焦于哪一项内容，是理论多一些还是案例多一些？

我的接纳性很强，在我不能独自下定决心时，我会去找不同的人一起碰撞思路，从各个角度听取别人的意见和建议。

最终我还是决定以理论为主，因为任何好的商业模式和方法都是别人的实践总结。读者只有先厘清这套理论的底层逻辑，才有可能在后期运用工具的时候驾轻就熟。如果底层逻辑都没有弄清楚就盲目地去实践，那最后只是依样画葫芦，既形成不了自己的思路和方法，也不会取得好的结果。

我希望通过《游戏力营销：掘金私域流量》这本书，让更多人明白：产品也好，服务也好，商业本质上是针对"人"的一件事，只要有"人"，就有情感的连接，所以我们要做有温度的商业。

什么才是有温度的商业呢？

有温度首先就是要抱在一起，也就是"聚"。这个概念很好理解：我们要与客户拉近关系并建立信任，给对方创造价值。在存量资源过剩的今天，若是仍然一味地忽略用户的体验，那必将走向灭亡。

建立信任最简单的方式是什么呢？那就是通过"游戏"，带给客户最简单、纯粹的快乐。

我们可以与客户先做朋友、后做生意——迂回一下，我们也许会发现，产品变得有温度了，也更好卖了。要知道，单纯的产品只能带来短暂的利益，持续的生意靠的是人与人之间的关系。

道理都很好理解，但是具体应该怎么做呢？我想通过这本书让读者找到一些答案和方法。

"探索什么才是最适合实体企业的商业模式，怎样让天下的商业变得更有温度"，是我和团队共同的目标，也是我们立志要去践行的使命！

我对本书寄予了浓厚的情感。我想倾尽所有，给读者一些启迪，也希望和读者朋友们一起探索社群领域。书中若有不完善之处，也请读者朋友们多多指正，我将感激不尽！

时燕

2021年10月于上海

目录 CONTENTS

开篇
破流量壁垒，营销利好时期来临

第1章 | 私域流量价值全面爆发 黄金期不容错过 3
第2章 | 全民IP时代：游戏形式的内容备受宠爱 16
第3章 | 营销时代：新实体利好时机来临 26
第4章 | 自媒体时代：开启游戏力营销 34
第5章 | 互动时代：营销的三大力量 41

第一篇
游戏力营销：玩转新实体

第6章 | 营销4.0：让消费者成为你营销的环节 53
第7章 | 游戏力营销的魂：让消费者从"参观者"变为"参与者" .. 63
第8章 | 游戏力营销的"主调性" 74
第9章 | 游戏力营销实战训练：学会"吸引"三部曲 84
第10章 | 游戏力营销产品设计：让你的产品玩起来 96

第二篇
私域流量：把你的用户"黏"起来

第11章	流量互通：如何实现公域流量与私域流量的互通 107
第12章	群与社群：构建私域流量阵地 115
第13章	设计玩法：把你的私域流量"黏"起来 124
第14章	裂变：私域流量池的变现之旅 135

第三篇
我们未来的约定

第15章	有"时"叨叨：自省者常自新 149
第16章	增长学派：一个未来的约定 152
第17章	小语录——我想悄悄说给你听 159

做有温度的商业

开 篇

破流量壁垒，营销利好时期来临

第 1 章
私域流量价值全面爆发　黄金期不容错过

时代与增长

这是一个什么样的时代？

有人说是"平台时代"，有人说是"内容为王时代"，还有人说是"流量为王时代"。

"时代"这个话题一直很庞大，从不同的角度来看，会得出不同的结论。我不能轻易地去给这个时代下定义，但我唯一可以肯定的是，我们所处的是一个复杂多变，甚至多种类型交叉的时代。

在过去的很多年，我们接触到了各种类型的大趋势。在这些不同的大趋势中，不同的"主流"资源通常会在一段时间内占据主导位置。

在过去一段时间里，官方资本和民间资本都异常活跃。我们常常听别人讲"资产为王"，在这个时代，谁拥有更多的资产，谁就能占据巨大的优势，实现巨大的增长。

由于资本的活跃，人们纷纷开始创业、融资，期待在资本增长较快的时代分一杯羹，于是大量的民营企业主体涌现出来。可是当大量的资金分摊到各个主体身上时，很多中小微企业，甚至是大型企业，都或多或少地出现了现金流紧缺的状况，继而演变出了"现金为王"的趋势。在这个时期，谁拥有足够的现金储备，谁就占据了绝对的优势。发展到后来，人们评价一个企业是否实现了增长，首先看的就是这个企业账户上拥有多少现金储备。

近几年，互联网迅速发展，民营企业纷纷倡导转型升级，对互联网人才、技术的需求逐渐旺盛，因此这个时代又被称为"平台时代"或"技术为王时代"。在这个时代，谁的技术更出色，谁就能够更好地服务人群、服务市场，开发出足够强大的平台系统，占据绝对的市场优势，从而实现增长。

值得一提的是，在"平台时代"的中后期，各种类型的平台已经呈现饱和状态，互联网技术的发展也已经逐渐成形。因此资本又将目光聚集到了流量布局上，催生出了一个"流量为王"的时代——谁获取的流量越多，谁占据更大市场的机会就越大。在这个时期，拥有流量就拥有了绝对优势。

流量是什么？简单理解就是粉丝的关注量和日活量，也就是粉丝的数量，有多少粉丝每天关注你，与你互动。

在"流量为王"的时代，社区电商、拼购平台迅速兴起。头部几大平台纷纷投入大量获客成本，抢占社区流量阵地，"美团团购""多多买菜"这样的头部社区团购平台逐渐涌现，正式开始争夺下沉社区流量。

这一时期涌现出了很多因占据了流量高地而身价暴涨的个体案例。他们为什么能够身价暴涨？是因为占据的流量越多，能够给产品带来的关注度、销售量也就越高，而带货能力越强的人，能够拿到的分成也就越高。

个人和企业如何通过私域流量来实现增长？这是本书要探讨的话题。

在新兴的互联网广告商里面也有很多实现快速增长的例子。例如有一位创业者，他在抖音、微信、今日头条等平台上注册了账号，叫"××快讯"，然后用爬虫技术在网上搜寻一些公开的热门信息，转载到自己的平台上，由此迅速吸引了一大批粉丝。然后，他再找到需要做广告的企业，收取一定的广告费用。这个模式让他在赚取广告费的同时，慢慢建立了一条属于自己的信息获取渠道。

这个例子的逻辑是，互联网的流量获取成本较低，他通过一定的技术，收集了用户感兴趣的信息，然后获取用户的关注。关注的用户多了，他就得到了自己的流量，这个流量是属于私人领域的，那么就沉淀成了他自己的私域流量池。而后他又通过信息，将这些流量卖给那些需要打广告的人。对于需要打广告的人来说，在互联网广告领域，广告费的投入其实远超过传统领域，但是投放也更加精准。所以在一年内，他的财富实现了超 1000 倍的增长。

我们发现，在这个"流量为王"的时代，无论是个体还是企业，之所以能够实现粉丝量、关注度甚至财富的快速增长，就是因为他们占据了流量入口。例如抖音、今日头条、淘宝等大型平台，都是巨大的流量入口，我们可以在这些平台获取流量，然后通过打造"公域流量+私域流量"的互通渠道变现，来实现自己的增长。

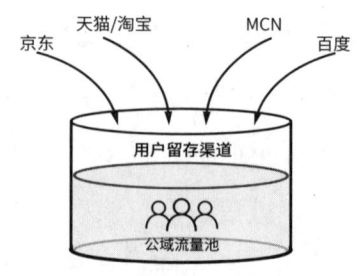

图1-1 公域流量池

曾有人说过:"在这个'流量为王'的时代,所有的产品、资产都不过是流量的工具。如果把流量比作水流,那所有的产品、资产都不过是一艘船上的东西,真正对船进行推动的其实是下面的水流。所以谁控制了流量,谁就控制了整个商业模式的核心。"

在过去传统的商业时代,我们往往只扮演驾驶船的舵手;而在这个"流量为王"的时代,我们却是控制水流运转的中枢,能够自己开凿新的渠道,将江河湖海里的水流引入自己的渠道里,形成下沉的精准流量——私域流量池,从而实现成倍的暴增。

还有一个巨大的机遇就是平台互通。几大头部平台正在逐渐实现流量互通,我们以前不能直接把抖音上的视频转发到微信里,也不能直接在抖音后台购买淘宝的商品。但现在互通后,我们发现,几大平台的跳转变得更加自然、方便了。对于个人和企业而言,实现增长的壁垒已经被打破了,流量渠道互通已经成为新的趋势。

在我看来,这是所有实体人的利好时期。不管这个时代是"平台时代""粉丝经济时代""内容为王时代"还是"流量为王时代",它都给新实体人带来了巨大的时代红利,所以我暂且把这个时代称为"新实体时代"。

在这个"新实体时代",我们获取流量的方式和方法更加多样,公域流量与私域流量之间的转换也更加便捷。这意味着什么?这意味着我们的运营成本大大降低了,这是时代给予所有新实体人的福利!

那么从现在开始,我们就应该仔细想想,在这个时代,你是一个什么样的主体?你自身是不是一个紧跟时代的新实体人?对于这个时代,企业和个人该如何实现增长呢?

平台与实体

什么是平台?

处在这个时代的企业和个人,或多或少都接触过平台。那么到底什么是平台呢?

图1-2 平台概念

在上一小节，我们提到了抖音、淘宝等大型平台。其实从这些平台身上我们能够想象出平台的大体轮廓，得出平台的大体概念。

我曾看到过这样一句话："我们已进入互联网平台时代，平台是未来数字经济主要的资源配置与组织方式。"

"平台经济"是新时期的一种颠覆性的商业模式，其核心就在于连接两者或两者以上的资源，从中间赚取利润，实现平台自身的收益。

现在再来理解什么是平台是不是就容易多了？

平台本身是不生产产品的，但平台可以促成双方或多方供求之间的交易，从中收取恰当的费用或赚取差价，从而获得收益。简单来说，平台就是一个"中间商"，这个"中间商"通过连接特定的资源获取利益。至于这个特定的资源是什么，就要看具体是什么样的平台了。因此可以看出，"特定的资源"既是平台经济中最重要的一环，也是决定平台属性的重要因素。

比如传统的购物平台——超市，租赁或者购置一个很大的场地，准备适当的货架，允许很多品类的商品进入并分类摆放在货架上，就是用别人生产的商品赚取平台所得的利润。比如我们所熟知的互联网购物平台——淘宝，通过连接商家和想要购买物品的人，促成他们之间的交易，实现平台自身的盈利。又如短视频平台——抖音，通过连接短视频创作者和喜欢该领域短视频的人，促成他们之间的交易，实现平台自身的盈利。毛豆新车网，通过连接车企和想要买车的人，促成交易，实现平台自身的盈利……

无论是传统平台还是新型互联网平台，都需要在前期投入大量的资金和各种资源。那么我们是不是只有拥有足够的资本和实力才能触及平台呢？答案是否定的。平台对于我们每一个人来说，都是一个必须熟知的概念和一种逻辑关系。简单来说，平台已经渗透到了我们生活的方方面面。

平台也有大小，我们每个人都能够触及平台。有足够的资金和实力可以创建平台，没有足够的资金和实力则可以使用平台。使用平台的关键是要看你具体连接的到底是什么特定的资源，以及这些特定的资源能否实现转化，最终实现盈利。

平台与实体有什么关系？

字节跳动、阿里巴巴、腾讯三大平台在 2021 年宣布开启平台互通之路。从用户个人的角度来说，我们使用起来更加方便了；从实体人的角度来说，我们的利好时期来临了——头部平台已经开始布局流量生态了，这意味着公域流量池将变得更大，流量也将变得更多，我们能够从平台上获取的红利也就更多了。

对于我们而言，抖音、淘宝一类的平台就是公域流量池。这些平台就像是山间天然的溪水，你渴了可以舀出来喝一口（可以注册账号、开店），路过的人（其他使用这个平台的人）渴了也可以舀出来喝一口。没有人不准你去喝这口水，也没有人无缘无故地向你收钱。

这条溪水是源源不断的，一般情况下不会枯竭。在一定的条件下，你不但可以舀出来喝一口，甚至还能挖一条乃至很多条小渠，把天然的溪水引流到自家的蓄水池里，把溪水蓄起来留给自己慢慢喝。

也就是说,对于新实体人而言,真正的私域流量时代开启了!

这个时代的开启,意味着我们要花更多时间去研究如何挖掘这条渠道,比如需要从什么角度去挖、挖多宽最合适、从哪一方面去挖能够更好地引流,等等。我们只有认认真真地考察和学习专业引流知识,才能更好地把甘甜的溪水引入自家的蓄水池里,并且尽最大努力留住这些水流,防止别人把它再次引走。

这样理解起来是不是很有意思?

其实,研究如何挖渠道、从什么角度去挖以及挖多宽等问题,就是在研究营销的概念。挖掘的过程,实际上就是营销的过程。

那通过什么样的营销方式才能够最终实现引流,将溪水引入我们自己的蓄水池里呢?经过在市场一线的多年实践,我发现最好的方式就是游戏力营销。游戏力营销的概念我在后文会专门进行讲述,在这里先卖个关子。

自家的蓄水池就是我们所说的私域流量池。对于私域流量池的搭建而言,游戏力营销是"术",是我们必须学会的逻辑和方法。通过游戏力营销的方式，最终我们才能成功引流，将公域流量变为私域流量，实现自身流量生态的搭建。

这两者之间的逻辑关系也是我最终决定将书名定为《游戏力营销：掘金私域流量》的原因。

激活与力量

新时代的召唤

"激活我们血脉中的精神力量，把精神的力量变成改变世界的行动，创造属于新时代的光辉业绩。"这是新时代的召唤。

在大千世界中，我们每个人都很渺小，渺小到汇入人群就不知道自己到底是一个什么样的人了。

尽管我在一些领域取得过不小的成绩，但我依然经常会感觉到自己的渺小，感觉自己微如尘埃。尽管渺小，我却始终相信"人定胜天"。很多事情，你一旦坚定地想去完成，那就立刻开始行动吧！不要等，等到后面你会发现，时机永远都不够成熟，还不如当初早点开始，也许现在已经有了阶段性的结果。

想象一下，假如某一天我们决定去爬山，一大早就出发，走到山脚下，你说："再等等吧，早上太冷！"然后别人出发了，你还在原地；到了中午，你又说："再等等吧，中午实在太晒了！"这时候别人已经到半山腰了，正在努力登顶，而你仍然在原地；到了晚上，你又说："算了吧，都这么晚了，我也不可能爬上去了！"于是你只能遗憾地原路返回，而别人已经爬到了山顶，看到了山顶的美景，心情舒畅地等待第二天的朝阳了。

我们身边一直有这样的人，他们很会想也很会说，还能做出各种创新的方案，也表示了非常大的决心。但真的要去尝试的时候，他们发现没有想的那么简单，然后就放下了，总感觉还没有到非要做出改变的时候，那就过段时间再说吧。想了不做，说了也不做，当真的活不下去了，下定决心改变的时候，才发现能力、精力、时间都不允许了。因此，想了就去做，说了就要兑现。对于所有做过的事，不要做成功与失败的评判，因为所有做过的都是我们走向成功的积累。

了解我的人都知道，我是一个行动派。包括写书这件事情，虽然这是在我骨子里潜藏了很久的一个愿望，但真正决定，还是一瞬间的事情。连我的助理都没来得及知道的时候，我已经把协议签好了。等到通知助理，已经是让他帮我整理资料的时候了。他虽然跟我共事多年，但仍然大吃一惊。

写到这里，我蓦然想起以前看到的一本老书里的一句话："你意识到了吗？这是一条何其自由的道路啊！无论今天的生活多么悲惨而痛苦，你，如此渺小的你，都能彻头彻尾地改变自己的人生！你的生活会比以往任何时候都要美好、幸福、快乐与精彩得多！当你发现这条道路后，是多么振奋啊！一路上发生的奇迹，会超乎你的想象。这是你力所能及的，完全靠你自己就能做到的……"

是啊！我们虽然渺小，但我们体内潜藏的力量是无穷无尽的，很多时候我们自己都无法想象。

我接触过很多做实体的人，有大型企业、中小微企业，还有许许多多的个体户，每一个主体都是这个市场中不可或缺的一分子。

这个时代给予了我们太多的生存空间，如何更好地适应这个空间，找到一片属于我们的天地，是我们每个人都应该去思考并为此付诸行动的。

如果我们是小微企业或个体户，资金、资源都极度匮乏，能力有限，那么我们更应该立即出发，想尽一切办法去激活我们的全部潜藏力量，去撬动更大的资源。

我们要激活什么力量？

紧跟时代，激活时代红利的力量；紧跟平台，激活平台经济的力量；紧跟流量，激活流量变现的力量……

归根结底，要激活的是你潜藏的内在力量，是你的企业、店铺潜在的力量。

个人的力量可以依靠学习和实践探索被激活，那企业、店铺的力量又该如何激活呢？

不管你的企业、店铺从事什么业务，激活的核心都应该是设计商业模式——如何设计适合你的商业模式？设计什么样的商业模式最有用？

有用的商业模式离不开"系统"。系统就是通路，只要把系统搭建好，市场通路自然而然就能够打开。

在过去信息不发达的年代，很多企业主、店长利用信息差低价收购产品，再高价卖出去，赚取了丰厚的利润。但是现在，我们处在一个信息极度透明的时代，客户获取信息的渠道多、时效快，基本上一有什么动静就尽人皆知了，所以传统利用信息差的商业模式已经不能再给企业和店铺带来可观的利润了。

注意，我不是说这样做没有利润，而是说没有可观的利润，这两者是有很大区别的。当今商业的本质，仍然离不开赚取差价。但是如今由于电商的冲击，客户的大部分购物行为已经转到线上，所以实体企业和店铺变得越来越艰难。

有很多小微企业主、店长都向我咨询过如何激活实体的力量这个问题，我也想在这里探讨一下这个话题：你认为应该如何激活实体力量呢？作为实体人的我们应该怎么办呢？

这些问题并没有某一个特定的正确答案。我们都处在不同的行业领域，面对不同的客户人群，每个行业、每一类人群的需求又不尽相同，要找到实体人之间的共性实在太难了。

所幸总结多年的一线咨询实践经验，我算是找到了其中一个共性，那就是游戏力营销。

中国经过40多年的改革开放，经济飞速发展。"80后""90后""00后"已经成为新一代消费市场的主力军。

这一代年轻人，物质条件相对优渥，个性需求极为旺盛，他们追求新鲜、个性、独特的消费体验。

互联网快速发展，中国的新一代消费者更加积极地寻求消费升级，他们喜欢简单且有趣的生活方式，更注重生活的品质。

在新一代的消费观念中，"物美价廉"不再是他们主要追求的价值，消费体验才是。

更不可思议的是，在这种消费体验中，产品的功能、功效体验并不是主要的。很多时候，他们更渴望在消费过程中体验到互动游戏与自我认同。

游戏体验并不是新一代消费者的专属，实际上游戏是人的天性。我们每个人都有对游戏的需求，只是老一代消费者由于物资匮乏，更关注生存层次的需求，抑制了这种游戏天性。而新一代消费者由于物质生活水平的提升，又将这种需求表达了出来。

针对新一代消费主力军，我们应该如何用游戏力营销的方式打造适合我们自己的"游戏场"，最终实现企业、店铺的破局？我们应该如何利用微信生态下的社群、朋友圈、视频号等系列工具，打造我们的私域流量池呢？

在这本书中，我们也许能找到答案。

第 2 章
全民 IP 时代：游戏形式的内容备受宠爱

IP 是什么？

IP 有很多种解释，但是对于营销这项活动而言，简单来说就是你的定位——你的企业或店铺是一个什么样的主体？这个主体主要为哪些人带来哪些产品或者服务？这个主体的经营者值不值得别人信任和认可？

作为一个完整的市场主体，企业必须拥有三种 IP：企业或店铺主体 IP、产品 IP、创始人的个人 IP。

企业打造品牌，对应的是你的客户；而 IP，对应的是粉丝。

IP 简单来说就是当人们讨论到某事、某场景时，会首先想到你。你的专业、你的观点、你的产品都能让别人想到你，这些都是 IP 的呈现状态。

IP 的打造又是一项非常庞大的系统性工程。新一代消费主力军自我价值实现的需求更加迫切地需要我们提升这三大 IP 的价值。要想呈现出好的 IP，一定要先专注于你的垂直领域，把单品做到极致。先做深度，再做宽度。

只有让自己在他人心目中形成具体形象，有了记忆，才会产生信任，在信任的基础上再做宽度才有价值。

企业 IP：你的形象决定了你的业务

一个企业或店铺对外展现一个什么样的形象、给别人留下一个什么样的印象非常关键，这就是企业 IP 的呈现。

我们知道，"80 后""90 后""00 后"已逐渐成为消费主力军。与过往的几代人不同，现在的年轻人个性更加张扬，也更加直接、有趣。他们大多更钟情那些接地气的产品和营销方式，而不能接受那些传统的产品和营销方式。

用当下比较时髦的称呼来说叫"热梗"，年青一代的消费主力军更能接受那些"有梗""有料"的产品和营销方式，更关注产品背后的故事，更注重消费的场景。

基于这种情况，越来越多的知名品牌已经放下架子，逐渐开始探索走向年轻消费群体的方法和路线，真正走到了年轻消费群体中间，去寻找企业或店铺的增长点。

在这样的背景下，企业或店铺的 IP 形象就显得更加重要了。

企业的 IP 该如何打造？

第一，要顺应时代主流，承担社会责任。

优秀的企业和店铺，自身就是一身正气。他们在面对天灾人祸的时候，不消极避世，不盲目逃避，而是选择与国家一起面对困难，最终也树立了自己正面的 IP 形象。

作为新一代消费主力军的这一代年轻人是真的非常有个性，他们关注情怀、关注产品背后的故事，目光锐利，能够洞察是非。一家企业好与不好，这个 IP 值不值得关注，他们都已经有了一套自己的标准。所以企业想要打造 IP，首先要具备一身正气，要有好的初心和价值观。

第二，企业 IP 要具象化。

这里的 IP 具象化指的是将企业品牌变为具体的形象。要具象化，首先就必须有一个好名字。

很多人一听说企业 IP 就以为是设计一套 VI（视觉识别系统）或者设计一个品牌吉祥物，其实不然。打造企业 IP，是从企业品牌名字或核心产品的名字开始的。

一个好的名字，能给你的企业带来意想不到的营销效果，而企业 IP 的故事，必须是围绕你的名字去讲述的。

在故事最开始，你就要向别人抛出几个问题：你为什么要叫这个名字？这个名字背后是一个什么样的故事？这个故事能不能打动人？

对于一个新企业而言，拥有一个有个性而生动的 IP 化名字是非常难能可贵的。

一个成功的 IP 化名字既要高度贴合企业的定位，又要具有很强的感染力，能够引发别人的共鸣。与你的企业或店铺产生共鸣的人越多，能够走近你的人就越多，产生的消费也就越多。

有了一个好名字，我们再进行一些具象化的设计，这样才能形成独特的企业 IP。

第三，要沉淀下来，深耕内容娱乐化营销。

企业 IP 的塑造是一项系统性工程。我们先要拥有系统性的思维，将日常的经营行为和企业 IP、内容进行充分结合，然后沉淀下来，深耕内容的娱乐化营销，把企业 IP 渗透到消费者生活中去。只有让 IP 真正走到消费者中间，才能发挥出巨大的价值。

内容娱乐化营销这个系统非常庞大，当下许多关于游戏力营销的概念，都是在强调"泛游戏力营销"。但我要表达的游戏力营销更倾向于内容营销和游戏营销的结合体，也就是如何通过娱乐化的内容、游戏化的活动，打造属于我们的商业生态，做真正有温度的商业。

本书将探讨如何通过深耕内容娱乐化营销构建私域流量池，最终实现高价值的转化。

关于高价值转化的相关内容，我的方法都写在了后面的章节中，此处就不再赘述了。这些方法都是我通过深耕 Smile 社群营销、游戏力营销、私域流量等专业领域，并于市场实践十多年的经验中总结而来的，已经得到了市场的验证。

现在，我将它汇总出来，形成了一整套实操体系，并通过本书分享给新时代的实体人，希望能够真正地帮助到正处在迷茫中的实体人。我不确定有多少人能够读懂这个逻辑并学会这一套方法，但是如果本书最终能够帮助到哪怕一个实体人，对于我的人生而言，都是一项伟大的成就。

我们每个人都需要沉淀下来，去学习实践、去深度思考、去总结一套自己的经营逻辑和方法，这样才能把别人的知识转化为自己的，才能真正地让有限的知识"为我所有，为我所用"。

产品IP：让你的产品学会"说话"

如果说企业IP是一项系统性工程，那么产品IP就是整个系统工程的中枢环节，对于整个IP的打造起到承上启下的作用——上承企业IP，下接创始人IP，是最直观、最重要的纽带。

为什么我会这样说呢？

因为归根结底，企业IP和下一节讲到的个人IP都是隐性的，很多时候是不直接面对消费者的。消费者往往需要通过各种渠道进一步了解，才能接收到企业IP和创始人IP所要传递出去的价值。

企业IP和创始人IP的打造，往往也蕴藏于对不同环境、不同场合细节的处理。对细节的处理是我们打造企业IP与创始人个人IP的关键。

但是产品IP不一样，因为产品IP往往都是显性的。在大多数时候，产品IP还会代替企业和个人，直接面对消费者。所以产品IP也是消费者能够最直观见到的IP，它通常体现在产品形态与外包装设计或者宣传中。

打一个比方，假如我们现在正在逛超市，准备买一瓶酱油。在超市的货架上陈列着各种品牌、各种包装、各种规格的酱油，那么你购买这一瓶酱油的时候一般会考虑哪些因素呢？

它的价格比较实惠？它是一个值得信任的大品牌？它的生产厂家是你信任的大企业？它的外包装精致好看？它的规格容量正好适用于你的家庭？还是其他？

凡是消费者考虑的因素，都是我们做产品设计时应该考虑的具体问题。

一款好的产品从生产到包装再到销售，都需要我们设计清晰的购买路径。但我们必须要知道的是，在这条路径的最后，一定是你的产品替你向消费者传达具体信息。

说到产品IP,我们就不得不提及以文案著名的白酒新锐品牌——江小白。

白酒市场的黑马——江小白的逆袭

你喝过江小白吗?如果没喝过,那你听说过吗?

江小白的经营逻辑是:故事可能会被时间冲淡,但经典的句子会一直留下来。

正是因为它的这套逻辑,江小白才能被称为黑马。江小白认为,酒类产品本身不是刚需产品,所以它的精神属性要大于物质属性。

我们都知道圈层文化,中国酒桌文化的历史渊源很深,但人们喝的真的都一定是好酒吗?消费者主要是为了喝酒而喝酒,还是为了社交而喝酒?江小白通过"表达瓶"的设计,把很多经典的、直击人心的话印在瓶套上,替我们把想说又不敢说的话表达出来,将每个人的真实情绪通过瓶子传递出去,既满足了消费者的精准社交需求,又让产品与用户之间有了最直接的互动。

当我们还在绞尽脑汁地思考各种五花八门的营销方案、营销手段时,江小白已经通过"表达瓶",用产品塑造了故事,用故事打造了产品IP,牢牢抓住了年轻消费群体的心。江小白的"表达瓶"成为消费者的一张社交名片。

通过江小白的例子我们可以知道，并不是所有营销都必须着眼于产品本身的功能属性，而是要善于发现人性，通过设计产品直击消费者的内心。

消费者的需求大都已经从单纯的物质层面跳到了精神层面，如果我们的产品再不做出改变、与时俱进的话，我们就注定要被这个时代淘汰，这是一个非常残酷的现实。

在实体领域扎根多年的我，也看到了一些墨守成规、不愿意做出改变的实体企业家。他们一方面不敢放下以往的成就直面当下的困境，另一方面又不愿意敞开心扉主动学习。看到这样的人，我常常着急得上火。但是我再着急、再上火，如果企业家本人不愿意主动接受新的知识、不愿意改变自己，我也没有什么办法。

只愿本书的读者朋友能够时刻对世界保持好奇心，敢于放下过往的自己，抬起头看看未来、高瞻远瞩、认认真真地发展实业。实业兴旺，不单单关乎企业和个人的前途，也是利国利民的大事。

个人IP：打造"行走的名片"

什么是"行走的名片"

从企业到个人，IP本身就是一项系统性工程，需要我们逐步打造，用自身IP去抓住用户的心。抓住了用户的心，得到了用户的认可，那我们的商业就是成功的。

什么是个人IP呢？

简单理解，就是当我们提到这个人，就能联想到这个人的背后有什么。举例来说，提起董明珠，我们立刻就能想到格力电器；提起马云，立刻就能想到阿里集团；提起雷军，立刻就能想到小米集团。

这些企业老板拥有我们大多数人不具备的特质，他们的个人魅力和企业形象相得益彰、相辅相成。

过去，中国的企业家们都喜欢把自己封锁在办公室里，以"天道酬勤"来激励自己、韬光养晦，不愿意抛头露面。我们大多数人可能还停留在过去的层面上。

但是在这样一个信息爆炸的时代，消费者结构更加复杂多变，多数"80后""90后""00后"消费者的消费方式也变得更加灵活，传统方式已经不能走进这群消费者心里了。我们必须通过系统性的打造，首先将自己变成一个超级IP，企业和店铺的产品才能更快、更好地与人接触。

超级IP是这个时代最具潜力的风口和最重要的经济生产力之一，具有超强的号召力和传播力。拥有了超级IP，就相当于拥有了品牌力和变现的能力。

个人IP已经成为一种独特的社会符号。企业主把自己塑造成超级IP，不仅可以给自己带来关注，最重要的是还能提高产品的品牌力和传播力。

我们依赖市场，也在反哺市场。我们都知道在这个市场，名片对于拓客的重要性。不管是传统的纸质名片还是现在流行的电子名片，对于商业活动而言都是刚需。

我们与一个人第一次见面，需要通过名片去大致了解这个人主要是做什么的、在社会上有什么样的身份、是不是我需要锁定的客户、值不值得进一步了解等，所以名片就是我们向别人展示的一张"个人说明书"。

这也就是为什么我说打造个人IP就是在打造"行走的名片"。我们也许不是天生就富有娱乐精神的人，作为职场强人的我们也许看起来就有点严肃，但是通过系统"组合拳"式的做法，我们最终一定能站在商业顶端。

如何打造个人IP？

作为普通人，大多数企业和店铺创始人的天赋、资源、资金、创意都非常有限，在这样的条件下，怎样才能更有效地打造出我们的个人IP呢？

我们可以尝试找准某个垂直领域，然后在这个领域扎根。深挖一个垂直点，一旦扎根，你就会是这个小领域里的专家，也就能形成你在这个领域内的个人IP。

在传统的观念里，有一句话叫"酒香不怕巷子深"，不难想到，这个观念在当今这个时代一定是不适合的。

在这个时代，获取信息的平台早就如雨后春笋一般冒了出来。我们获取的信息变得越来越碎片化，消费者所能接触到的五花八门的信息越来越多。所以在这个时代，更准确的表达可以说是"酒香也怕巷子深"。

你藏起来了，别人的信息就能随时随地被消费者看到，形成认知，从而抢占市场。所以无论消费者最终关注的是价格还是质量，首先要让他们关注到我们。

打造个人IP的意义其实就是吸引消费者的关注，从而输出自己的价值。要想让别人知道你，并且对你产生足够的兴趣，最好的办法就是打造出自己的独特IP，然后持续对外输出自己的价值。要打造个人IP，必须有系统性的方法。这个方法我们在后面的章节中会专门进行讲解。

作为一个深耕社群和游戏力营销领域多年的人，我也可以很自豪地说："在这个垂直领域，我的个人IP已经逐步形成了，我可以对外持续输出我的价值了！"

这是值得骄傲的，因为这意味着我对别人有用，能够用我所学尽可能地帮助别人。当然，输出也需要一个持续的过程，我们可以一步一步地慢慢来。

第 3 章
营销时代：新实体利好时机来临

无娱乐，不营销

在以消费新主力军为主导的消费经济下，我们都希望能够笼络住年轻人的心。

"泛娱乐"已经成为当下营销的主流，越来越多的玩法被引入营销活动中。在娱乐至上的年代，每一个行业的规则重构和内外革新都以娱乐为核心推动力。

但是，当下很多泛娱乐化的营销都是指传统的广告植入、节目冠名以及明星代言等营销手段。这些营销方式已经开始让消费者产生视觉疲劳，更有甚者已经使他们出现了抵制行为。

前文已经提到过，本书不再讲解"泛游戏力营销"，我所说的娱乐营销的概念其实更倾向于游戏和活动，一种更适合实体店去打造的营销手段。

可以说，"无娱乐，不营销"就是我关于游戏力营销的核心价值观。当然我没有那么自信去说这个概念是我首创的,但是我敢说:"这个概念目前就只有我说得最为正式,目前也只有我将它有针对性地运用在了实体店的打造中。"

"无娱乐,不营销"这句话乍一看非常好懂,但是要真正理解透彻其实并不容易,因为这不但需要对底层逻辑的透彻领悟,还需要对一整套方法论进行实践。

我在游戏力营销和私域流量这两个领域实践了十多年,接触过大大小小的传统实体和新实体,不断实践、总结,不断自我更新、自我迭代,才最终形成了一套完整的运营逻辑。其中的过程并不容易,甚至可以说是十分艰辛。

这套运营逻辑需要追溯到另外一个理论——"游戏是一个人的天性"。

我们每个人从孩童时期就很擅长做游戏,通过游戏锻炼自己的大脑、通过游戏与他人建立联系……在成年以后,我们也有属于这个阶段的游戏。

可以说,游戏贯穿了我们每个人的成长过程,贯穿了我们的一生。

游戏本质上就是一种娱乐。若是能够把游戏贯穿到营销活动中,那么想取得一个好的结果也一定更加容易。

比如有一批保温杯,我们需要想办法将它们卖出去,此时你第一反应是怎么做呢?上架商超?上架电商平台?还是做一场促销活动?这些都是我们一般会直接选择的方式,这也都没有问题。

但是这些是否高效呢?

营销其实是有一定逻辑的。你要让别人认可你的产品,并且愿意为你的产品付出"代价",才能达到营销的最终目的。这里的"代价"既可以是金钱，也可以是金钱以外的其他等价物品，甚至可以是精力、智慧等精神层面的东西。营销方式是需要系统设计的，并不是简简单单上架和做活动就可以了。想要实现更加高效、高价值的转化，一定要遵循营销的逻辑。

不管我们做什么事情，归根结底都是态度的问题。我们首先要足够认真、足够重视，才能得到别人的尊重和重视。

我们在做营销活动前，一定要做充分的准备，每一个环节都必须经过精心设计，才能够得到客户的充分关注和认可。

那如何让客户第一时间关注到你呢？

其实最关键的就是"以人为中心"，要关注人的本质需求到底是什么。我们可以参考马斯洛需求层次理论。

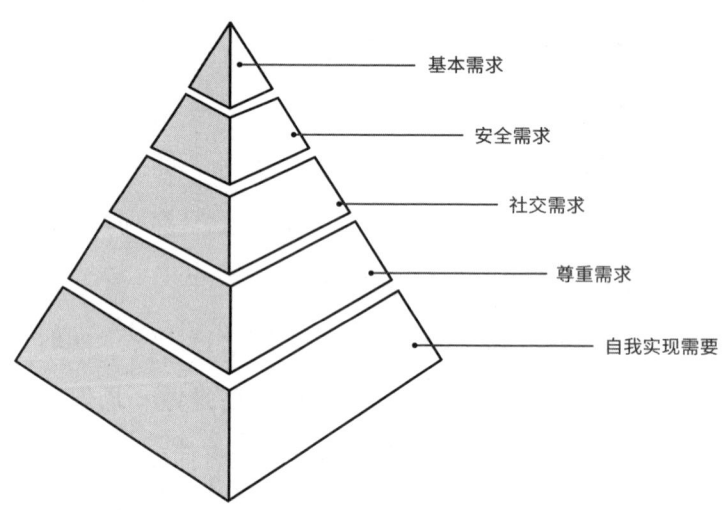

图3-1 马斯洛需求层次理论

马斯洛把人的需求分为五个层次。第一层次是基本需求。这一层次的人们主要关注生理需求，首要需求是食物和衣服，吃饱穿暖。第二层次是安全需要，也就是我们常说的安全感保障。这一层次人们的首要需求是工作等能满足自身安全感的东西。第三层次是社交需要。这一层次人们的首要需求是与他人建立社交联系。第四层次是尊重需要。这一层次人们的首要需求是提升自己的社会地位，赢得他人的尊重。第五层次是自我实现需要。这一层次人们的首要需求是实现自我的价值，为社会做出自己的贡献。

知道了人的基本需求，我们就要开始分析：我们的客户属于哪一类人群？他们的收入怎么样？他们目前的主要需求处于哪个阶段？

通过分析，我们能够精准找到目标客户，清楚什么样的游戏适合他们，再对应设计出我们的玩法。

游戏力营销满足了人们对于内心情感的需求，拉近了品牌与客户的情感距离。而满足了客户的情感需求，客户一定愿意为你的产品付出"代价"，那么也就达到了我们营销的目的。

游戏力营销是一个非常巧妙的杠杆，因为一旦用娱乐的方式营销，产品或品牌本身的传播力会变得更强，这也非常符合当下消费升级时代的大众化需求。

满足了人的情感需求以后，我们还要找寻一种让人更容易接受的方法。最容易让客户接受的一定是离他们最近的产品和情感。想要让客户离你最近，那一定要跟客户有深层次的交流。实现交流的途径，既可以是到线下的实体店见面，也可以是使用微信、QQ、社群等线上的方式加强相互之间的了解。这些方法的使用，实际上就是打造私域流量的过程。

所以通过娱乐的方式进行营销是最有效的一种方式，也只有通过游戏化的内容设计与私域化的运营模式，才更容易实现高价值转化。所以本书的核心观念也是在强调游戏力营销与私域的结合。

游戏力营销和私域运营本身也是有各自运营逻辑和规律的，这需要我们持续探索。

直播 + 电商 + 社群 ——"三位一体"赋能新实体

当下，营销理论已经非常成熟了，但是我们所面对的市场远比理论复杂得多，我们面对的消费者群体也在不断发生变化。从营销过程来讲，如果仅仅依靠原有的营销理论，当代的实体企业将越来越难以生存。我们要做的，是把理论与实际情况结合起来，运用到我们的实际营销活动中去。

我已经多次说道："在这个时代，谁掌握了流量密码，谁就能实现更加快速的增长。"所以在这个时代，任何形式的单打独斗，都不会给我们带来成功，我们必须学会什么叫"生态构建"。

生态，对于企业增长而言，是一套可以实现自我循环和快速增长的系统。

在设计营销活动时，我们可以结合当下的实际情况，将电商生态运营、直播生态运营以及私域流量生态运营进行融合，打造出属于我们的实体商业生态。

我提出"直播 + 电商 + 社群——'三位一体'赋能新实体"这一理念，实际上就是为了打造出这个时代属于新实体的生态。

直播生态、电商生态以及私域流量生态实际上是有比较成熟的具体内容的。

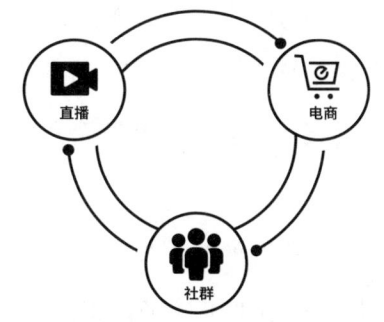

图3-2 直播+电商+社群——"三位一体"

直播生态

直播生态包括紧跟风口、塑造品牌和打通渠道。

第一,直播正是这个时代的风口,也已经成为实体人必须学会的技能。如果我们还不懂得如何去利用这一巨大的风口,那我们的商业一定会落后别人一大截。

第二,直播有助于塑造企业品牌。这在实践中不难看出,因为在我们利用直播间做宣传的时候,一定会拉近和消费者之间的距离,从而让消费者对我们的品牌乃至产品都更加了解。

第三,直播也可以为实体人增加一个线上的销售渠道,是我们线上和线下实现连接的环节。

电商生态

电商生态拥有九大思维和三大形式。

九大思维包括用户思维、简约思维、极致思维、迭代思维、流量思维、社会化思维、大数据思维、平台思维和跨界思维。

在做电商运营之前，我们先要了解用户，尽量将内容和形式极致简化，然后快速迭代，掌握流量的规律，将眼光放得更加长远；同时要关注背后的大数据、平台，还要善于与多家产品或品牌进行跨界融合。

三大形式包括无限货架（商品）、无时间和空间的限制，以及电商数据管理。

在电商平台中，可以上架的产品或服务是不限量的，我们想上架多少就上架多少；也没有时间和空间的限制，我们想什么时候上架就什么时候上架。在管理后台，我们还可以随时掌握浏览量、关注量、销售量等关键数据。

比如淘宝的管理后台——千牛，我们只需要登录店铺账号，就能看到一个专属的后台管理系统，在这个系统中进行店铺的管理和运营。不仅如此，千牛还拥有移动版，我们还能随时随地用手机登录后台进行商品管理、信息回复等，也能实时掌握店铺的各项数据，非常方便。

社群生态

社群生态主要有三个方面：一是打造企业私域流量池；二是精准化用户运营；三是营销、时间和金钱三者之间的关系，即我们为什么要做游戏力营销。

首先，我们一定要学会沉淀流量，将用户沉淀到我们自己的私域流量池里，增强用户的黏性，才能产生复购等进一步的转化价值。其次，我们的用户一定是某一类群体，我们要学会用精准化用户运营的思路，为用户提供更有价值的产品或服务。最后，我们必须清楚营销、时间和金钱的关系，清楚我们到底为什么要做游戏力营销——我们是想占住客户的时间还是要让他们愿意为我们提供的产品或服务埋单？只有清楚地知道用户想要什么、我们想要什么,才能更好地促进社群的打造,才能促进私域的沉淀。

当下实体商业生态的核心实际上就是由这三个生态融合而成的。在后续的内容中,我也会围绕这三大生态的方法论进行详细论述。

第4章
自媒体时代：开启游戏力营销

入局：人人都是自媒体

随着新实体时代的到来，我们的世界正在发生翻天覆地的变化。我们要想跟上时代的步伐，就必须做好自媒体的运营。

图4-1 自媒体

自媒体是什么？

自媒体的概念有很多，每个人心中都有一个对自媒体的定义，百度百科中也有非常翔实的解释。速途传媒执行总编丁道师认为，符合以下两个标准的就是自媒体：第一，有自己独立的观点和思想；第二，有传播这个观点或思想的平台和渠道。

这里可以举一个简单的例子：一个卖菜的阿姨，她对菜的品质和价格有着自己独立的观点和思想，在菜市场也有传播这个观点或思想的渠道（她可以把这个观点和思想告诉买菜的人），那么这个卖菜的阿姨也符合成为自媒体的条件。

所以丁道师的观点翻译过来就是"人人都是自媒体"。

我是认可这个观点的。我们都知道当今处于一个信息爆炸的时代，信息传播渠道广、速度快，一个热点话题往往只需要短短的几分钟就能迅速发酵并传播出去。

很多人都有智能手机，智能手机上都安装着各种软件，这些软件往往都具有传播属性。比如我们通过微信、QQ、抖音、微博、知乎、今日头条、快手等平台，将信息转发给别人。

在转发、点赞、收藏的时候，我们实际上就充当着一个又一个的媒介，这样来说"人人都是自媒体"这个概念，是不是非常好理解？

在短视频火爆的年代，自媒体其实已经不仅指写文章和发布图文的账号了，增加了很多种形式。比如有很多短视频领域的自媒体人，他们不是长篇大论地去叙述一件事，也不用准备文案文本，而是通过制作短视频分享自己的日常生活来吸引别人的关注，他们也可以被称为自媒体。

自媒体有哪些优势？

第一，渠道免费，成本低。自媒体运营会借助很多平台，很多平台都是免费入驻的。比如我们注册知乎账号，在知乎专栏上写文章，转发给知乎的用户看，是不需要缴纳任何费用的。再如字节跳动推出的剪映软件，上面有很多短视频剪辑素材和模板，都是免费给用户使用的。我们在平台上与粉丝沟通，也是免费的。这些渠道对于我们来说，都是免费的，我们只需要学会如何使用。我们一旦学会使用这些平台渠道，就能够大大降低我们的广告成本。

第二，有助于增强我们与客户之间的黏性。如果是传统广告，我们通常会投放到电梯上、户外展架上等，费用非常高不说，还很难收到客户的反馈。比如有多少人是因为看到了投放在外面的广告才关注到我们的产品，客户对我们的产品有什么评价，我们往往不知道。但是如果通过新媒体平台发布一条产品的短视频，我们就可以通过评论区、点赞量看到客户对我们的反馈。这些互动可以增强我们和客户之间的黏性，促进产品的销售。

第三，精准。假如一个做母婴产品的人，通过自媒体分享母婴育儿类的知识或产品，那么这个账号吸引过来的一定也是对这一类知识或产品比较关注的人群。通过粉丝去锁定的客户群体非常精准。

为什么我们一定要入局自媒体？

一是因为我们要顺应时代大趋势，二是因为运营自媒体账号其实就是在构筑自己的私域流量池。

公域流量对于营销而言，价值不大，因为公域流量缺乏黏性。我们在公域流量池里就像是一滴水珠一样渺小，客户无法通过公域流量池喝到你这滴水。

只有通过挖渠引流，开发自己的私域流量池，才能将客户留住。只有将客户留住了，才能产生后续的价值。

而且当我们的自媒体阵容足够强大的时候，我们才能更好地运用游戏力营销的手段。比如常见的"转发点赞赢奖品"活动——消费者为我们转发集赞的过程，实际上也是一个媒介传播的过程。

我们一定要知道，在新的流量生态下，每个人都是一个"触点"，都可以成为传播媒介，变为信息传播中的一环。所以我们需要找准客户关注的点和客户认为有价值的点，然后利用我们的自媒体设计，成功入局自媒体。

"触点"是我们入局自媒体的关键。"触点"的传播力量就像是病毒在人与人之间的传播一样，一旦某个人感染病毒，就会一传十、十传百，这个人的身边将会出现成片的感染者，就这样迅速扩散。所以我们经常在抖音、今日头条、快手、微博等平台上看到一些热点话题。在当今这个时代，一个话题一旦被发酵，传播速度是非常惊人的。

如果能够找到引发客户共鸣的点，围绕其打造自媒体，那么我们的传播力量一定会大大增强。

讲到"触点"的激发，我必须在这里额外说明一点：虽然自媒体中有一个"自"，但并不意味着自媒体是由一个人来运营的。我们如果认真观察就不难发现，所有平台上优秀的自媒体账号背后，一定有一个专业的运营团队。就像你在现实生活中想要挖一个水池，仅靠你一个人的力量是很难做到的，耗时耗力不说，你挖出来的池子究竟能不能留住水还很难说。我们必须借助工具，找一些帮手过来，才能把这个水池挖好。

转换一下思维，作为观众，我们每个人是不是都希望看到优质的内容？而一个真正优质的自媒体账号必须经过专业化团队的打磨，才能更好地进行呈现。那么如果有一个优秀的团队来运营一个非常优秀的账号，将更加优质的内容呈现给我们，有什么不可以呢？

比如我们熟知的"十点读书"，就是由厦门十点文化传播有限公司运营的；再如被央视点名夸赞的"川味盐太婆"，背后也有一个专业化的摄制团队。这些账号都有背后的团队，从内容策划到平台呈现都是通过专业化流程体系打造出来的。

所以，我们要想真正入局自媒体，激发新时代自媒体的"触点"，就不能再单打独斗，必须要有"抱团取暖"的思维，找到对的人，做正确的事。

而我们设计的内容，也一定要围绕自媒体这个媒介进行布局。当我们把客户看作一个又一个自媒体的时候，我们设计出来的"游戏"才能真正形成一股力量，变成"游戏力"，而我们打造出来的私域流量池也会更加有价值。

融合：打通你的渠道

融媒体账号、私域流量、游戏力营销三者之间的关系：首先打造属于你的融媒体账号；其次积攒足够的粉丝基数，从公域流量池引流到私域流量池中；最后开展游戏力营销。

那么如何打造一个优质的自媒体账号呢？一个优质的自媒体是指一个单独的账号吗？

我的答案是否定的。

其实不难发现，很多优秀的自媒体账号不单单是在某一个平台运营,而是会在多个平台上运营。

比如前面提到的"川味盐太婆",我们刷抖音的时候能看到,刷今日头条的时候也能看到。当然,这样说也没有太大的显著性,因为抖音和今日头条实际上都是字节跳动旗下的平台。

但是我们不难发现,很多"大V"不但在抖音和今日头条上拥有非常多的关注量,甚至还在B站、快手、腾讯微视、微信视频号上拥有非常多的关注量。更有甚者,一边在做视频内容运营,另一边在微信公众号、小红书、知乎等平台上也开通了图文内容运营,同时拥有非常多的关注量。

反正我们做出一个内容、投放到一个平台上需要耗费精力,投放到多个平台上也需要耗费差不多的精力,那还不如"广撒网",万一刚好那个平台的用户就喜欢你的风格呢?

对于我们而言,抱有这样的"侥幸"心理并没有什么坏处。

其实要做好游戏力营销,首先要做好私域运营。

为什么这样说呢?

其实很好理解:我们既然设计好了各种各样可供客户参与进来的活动,那我们自然也希望更多的人能够参与进来。如何保证足够多的人能够知道并且参与到我们的活动中来呢?这就需要庞大的粉丝基数来支撑。我们几乎可以不用出去做广告就能够在自己的粉丝群体内形成一定的影响力,从而让更多人参与到我们设计好的娱乐活动中来。

私域运营实际上就相当于游戏力营销的地基,对于营销结果有着至关重要的影响。

那在做好私域运营之前,我们又需要做什么呢?

实际上就是上文说到的打造全平台账号,也就是打造互联网融媒体矩阵。

融媒体原本指的是传统媒体之间的跨界融合发展，现在也指新媒体平台之间的相互融合。

很多人还是不能理解——为什么一定得是融媒体账号呢？这其实是因为每个平台有不同的规则，也有着不同的用户生态和粉丝运营逻辑。我们需要将平台之间打通，实现粉丝基数的最大化，这样才能使我们的利益最大化。

只有完成了融媒体矩阵的打造，才称得上是一个生态；有了这个生态，才能通过游戏力营销，去呈现更好的变现效果。

有了融媒体生态，粉丝基数也足够多的时候，我们就可以通过线下活动的设计，对实体店进行引流。

值得注意的是，我们不能将销售成交的场景限定在线下实体店中。这时候的新实体店其实更适合成为一个社交场所或者一个体验中心，让客户到实体店进行交流和体验，然后对产品或品牌有进一步的认知，增加他们对产品或品牌的认可度，进一步增强用户黏性，从而达到持续营销的效果。

第 5 章

互动时代：营销的三大力量

互动力：让你的客户"嗨"起来

在给一些企业做咨询的时候，我曾经亲自帮助他们管理过很多客户群，每一个群都非常活跃，至今群里的很多客户都还与我保持着频繁的联系。我们为什么能建立起这么深厚的情感联系呢？

建立深度情感联系，不是一朝一夕就能完成的。要建立那种百分之百信任的情感联系，必然需要通过前期大量的互动和了解。

只有通过不断的互动，我们的社群才能形成一种轻松的社群文化。如果采取游戏力营销的方法，我们的社群也能变得更加有温度。一定要记住：私域流量是工具，游戏力营销是方法。

在说到互动力之前，我想先解析一个曾经亲自实践过的案例，也许有利于加强我们对互动力的理解。

> **快乐咔嚓嚓，让你的客户跑起来**
>
> 这个游戏非常简单，我把它命名为"快乐咔嚓嚓"。首先我会设定一个主题，然后让大家去拍照并分享到群里。比如中秋节，我会让大家在群里晒月亮、月饼、水果等。晒图的同时我会设定一个规则，即发什么样的图可以获得红包奖励。这个红包金额可以随便定，重要的不是金额多大，而是那种"嗨起来"的氛围。
>
> 在玩游戏的时候，实际上我们的品牌与产品就在客户中间营造了一种轻松的氛围，让客户"跑起来"去寻找我们想要的场景，只有让客户愿意为我们"跑起来"了，我们才能最终获得想要的结果。

上面的例子只是我运营社群过程中的一个小游戏环节，但是每一个游戏背后都有底层逻辑，这是我们作为营销者必须清楚的。

"快乐咔嚓嚓"这个社群游戏的底层逻辑实际上就是我们这一章所说的"互动力：让你的客户'嗨'起来"。

互动为什么如此重要？

其实对于产品和品牌而言，互动是一个与消费者直接沟通的渠道和桥梁。我们通过各种各样的互动，可以让消费者主动参与到产品和品牌的设计、生产和消费环节中来。

真正优秀的产品和品牌，每一个环节都应该有一些与客户进行互动的方法和做法，这样能提高消费者对产品和品牌的信任程度。

下面我们再来看一个典型的互动案例。

开 篇 | 破流量壁垒，营销利好时期来临

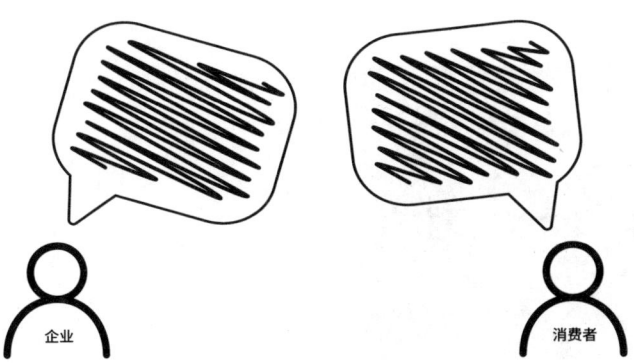

图5-1 企业与消费者互动

"葫芦泡"的大能量

2015年，我们工厂研发了一款形似葫芦的LED灯泡，取名为"葫芦泡"。因为产品品质定位偏中高端，又逢LED产品销售爆发期，中低价位产品遍地都是，所以按照传统的营销方式推广的难度非常大。

我们团队经过市场调研和头脑风暴,最终决定采用传统市场推广与新媒体、线上线下相结合的全新营销方式进行推广。

首先针对B端客户群体也就是我们的经销商,举办了"葫芦泡绘画创意大赛"。我们组织了全国的终端门店老板在"葫芦泡"上随意创作,并上传作品照片至公众号,通过投票的方式进行PK,评选出得票数量最多的前5名获得泰国游名额,对其他参与者也给予相应的奖励。经过长达两个月的投票、拉票,"葫芦泡"已经深深植入大家的心中。获奖者享受泰国游的过程中,我们又安排了专人带着"葫芦泡"陪同并进行全程报道(包括拍照、直播、互动等)。这项活动最终有1500多个终端门店参与,收集"葫芦泡"创作照片5000余张,公众号访问量高达110多万人次,在行业中引发了广泛关注。

我们紧接着举办了"葫芦泡悬挂大赛",让终端门店老板将"葫芦泡"按照自己喜欢的方式悬挂在店里,并拍照发在活动群内,有五线谱型、田园风光型……最终评选出最美、最有才、最具创意奖,发放超多现金大红包。

母亲节期间,我们针对经销商及其家人策划了"母亲节游西湖,最美新娘婚纱照"活动,弥补她们年轻时没有穿

过婚纱的遗憾。经销商只要订货额达标就能参与活动。总部聘请了专业摄影师、化妆师为每位"新娘"全程服务，不仅为她们定制婚纱，还赠送一套婚纱写真照邮寄到家。十几位身着婚纱的"新娘"一起走在西湖边上，成了一道亮丽的风景线。这个活动引发了众多游客驻足观看、拍照发朋友圈，自发的宣传为品牌的传播做出了很大贡献。

公司策划团队设计了一整套"葫芦泡"卡通表情包，深受客户的喜爱，每天在微信聊天中使用，提高了葫芦泡在客户面前的曝光率。

除此之外，"抱泡大赛""踩盆大赛""萌娃大赛"等趣味互动游戏接二连三，经销商及终端门店积极参与，营销宣传渗透到了客户生活中的每个角落。

经过以上"葫芦泡"的系列游戏活动，销售也做得风生水起，社群单场活动订货量达 40 多万只，销售额高达 400 多万元。

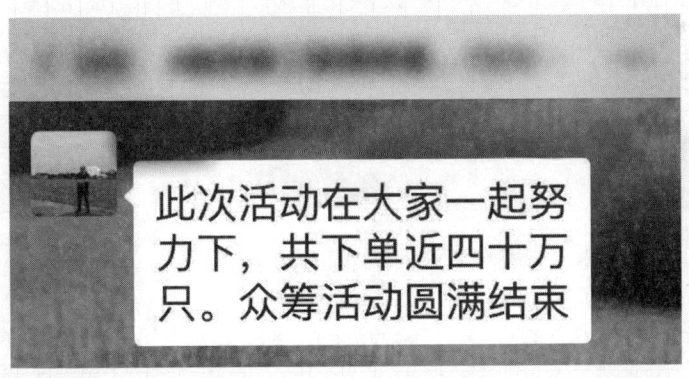

互动力的核心逻辑实际上是"谁参与谁记忆"。想要让客户对你的产品、服务等产生深刻印象,就一定要让客户参与进来。比如让客户自己动手画灯泡、冲奶粉,让客户在玩社群活动的时候根据题目要求"跑"起来,这样比强行植入概念更好。只有调动客户的"五觉"——触觉、味觉、听觉、嗅觉、视觉,才能产生足够的互动力。

互动力又是什么?

其实从字面上很好理解,互动是一种行为,力就是力量,那么合起来理解一下就是:互动这种行为所产生的力量。

通过互动这一行为,我们能与客户建立较为轻松的沟通渠道和方式,只有让我们的客户"嗨"起来,才能拉近我们和客户之间的距离,产生后续的价值。

故事力:让你的产品"说"起来

故事力是营销和产品设计中的第二大力量。前面讲到的互动力需要我们投入大量的中期精力,而故事力更需要我们投入前期精力。

我们可能都听说过一个新锐烘焙品牌,叫"小白心里软"。下面我们一起来看看这个品牌的故事力有多强大。

> 小白心里软,产品的故事力到底有多强大?
>
> 2016年10月,小白心里软这个品牌正式面世。仅仅一年左右,就产生了近2亿元的营收;短短几年,已经成为主流烘焙产品品牌

之一。

小白心里软主要是因为其独特的名字和包装上可爱的IP形象"小白"而受到很多年轻人的关注。

这几年线下渠道发展低迷,小白心里软是如何逆流而上的呢?我们首先看一下这个名字——小白心里软,是不是能感觉到这个面包一定是软软的,可能带有夹心?再来看这个品牌形象,全身明明是黑色的,却叫"小白",是不是有一种"反差萌"?"小白心里软,不爱乱添加"这句广告语更是这个品牌故事力的灵魂所在,一方面体现出了产品柔软、带夹心、添加剂少的特点,另一方面塑造了一个内心柔软的形象,向消费者传递出了内心柔和、向往美好的价值观。

如果不是产品和品牌产生的故事力,让这个品牌活灵活现地出现在消费者的视野里,估计小白心里软现在还只是一个默默无闻的某地区超市散称小面包。

我还见过一款小面包,让很多人驻足排队购买。这款面包的包装让我印象很深刻,上面是这样写的:"我经历了523次揉搓、175度高温和700多次摔打,我不是齐天大圣,只是想做个好面包!"

看起来多励志呀!而且根据它的文案描述,我们已经能够想象出生产的画面了。

这些产品一开始都比较普通,同类竞争也非常激烈。但正是因为有了故事力,它们才有了生命,这样它们就可以自己向消费者诉说故事,形成一架企业与消费者沟通的直接桥梁,也有了自己独特的市场竞争力。

可以试想一下，我们去逛超市时，会不会关注产品的包装、文案或者故事呢？比如同样是买一个面包作为早餐，在价格、分量都相似的情况下，我们是不是更容易被那些包装精美的面包所吸引，进而选择包装精美的那个面包呢？

其实每个人都喜欢听故事。学会讲故事，能让你更容易引起别人的注意，也可以为你的产品和品牌注入灵魂和生命，让你的营销活动产生事半功倍的效果。

在5G时代，信息越来越碎片化，消费者的注意力也越来越碎片化。对于企业和店铺来说，我们难做的事情不仅是销售，还有搞清楚消费者是哪一类人、如何吸引他们的眼球、如何抓住他们的注意力。也就是说，以前最难做的事情是决定把产品卖到哪里，因为需要考虑这个产品是什么、有什么功能和作用；但是现在，我们必须在产品生产出来之前就考虑这个产品最终要卖给哪一类人群，这类人群为什么会选择这款产品，这类人群对这款产品有什么样的反馈等，也就是说销售前置了。

销售前置意味着产品的附加价值更加重要了，这也是我们强调营销三大力量的最终原因。

故事深入人心，让人记忆深刻。所以，试着将我们冷冰冰的产品变为动人的产品故事吧！

品牌力：让你的品牌"活"起来

前面已经讲了互动力和故事力，接下来我将讲到营销的第三大力量——品牌力。

为什么品牌力是营销的第三大力量,而不是第一或第二呢?

我们可以试想一下,前面讲过的互动力和故事力是什么样子的?是不是动态的?互动需要动起来,讲故事也需要动起来,品牌力需要动起来吗?它到底是什么?

其实品牌力也是动态的,相较于更关注做法的互动力和故事力,品牌力其实是一种"呈现的动态"。之所以排在第三,不是因为它不重要,而是因为它其实是前两种力量的集中呈现,只有把产品和品牌的互动力和故事力做好了,才能最终形成一股强大的品牌力。

互动力和故事力本质上是一种外在的力量,而品牌力是一种内在的力量,是一种积累,是一种文化底蕴。

前面我们讲"葫芦泡"的案例,是因为想看看那一场活动的互动力所产生的效益。其实,我们针对"葫芦泡"还有更多的实际做法,将这个小品牌最终推动起来,形成独特的品牌力,让它得以立于市场十多年,甚至到现在仍然是客户心中最有情怀的一款产品。

> "葫芦泡"的发光之路——小众品牌如何破局?

"葫芦泡"不是它的品牌,但是却成了这款产品的IP。

灯泡本身只是一个冷冰冰的产品而已,市场上随处可见。若靠价格取胜或是靠品质取胜,最终都会出现足够强大的竞争对手将你排除在市场外。

如何让客户接受并爱上一款工业性质的灯泡?如何让客户持续销售这款灯泡?

最好的方式是"互动力+故事力+品牌力=IP"。

在造势阶段，我们召集了100多个经销商参与进来，举办了很多类型的活动，建立了100多个微信群，每天都在各个群里转发、造势，促进客户积极参与。

在宣传产品品质时，我们举办了"挂泡大赛"——把灯泡挂成各种各样的形状，"摔泡大赛"——垂直掉下去灯泡不会坏，以及"水泡大赛"——露出灯头后的灯泡泡在水里不会漏电，以此展现"葫芦泡"的高品质。

从情怀的角度出发，我们还承诺客户进货满20万元，女性亲属就可以去西湖拍婚纱照。

在全民参与阶段，我们围绕"葫芦泡"发起了寻找身边的葫芦、趣味摆拍葫芦照片等活动。

通过设计一系列游戏互动环节，我们的经销商与"葫芦泡"之间逐渐连接起来，社群慢慢变成了他们的社交场，也让"葫芦泡"的销售成了他们互相交流、互相学习、互相成长的一项事业。

最后，大家开始主动跟"葫芦泡"之间产生连接，经销商玩一遍我们设计的游戏后，又下沉到客户中间去设计了一些游戏，最终形成了"葫芦泡"的垂直传播链条。大家开始产生"'葫芦泡'=有趣的人生"的认知，最后形成了"葫芦泡"的品牌力。

通过一系列活动，"葫芦泡"市场出厂数量达40多万只，订货额度达8000万元，零售额近3亿元——这就是游戏力营销系统与私域流量运营结合的威力！

当然，仅仅用"葫芦泡"的案例还不足以说明品牌力所蕴藏的强大力量。但是从一个小小的灯泡可以看出，当品牌力足够强大的时候，IP和竞争壁垒就自然而然地出现了。品牌力能够影响客户的认知，自然而然地为你筑起一道墙。

再如大家都熟悉的王老吉，当我们想到王老吉这个品牌的时候，首先是不是联想到了凉茶？再联想一下，这个品牌凉茶的代表口号是什么？是不是"怕上火，喝王老吉"？

这就是品牌力。当你联想到某个品牌的时候，脑子里第一时间就蹦出来这个品牌生产的主要是什么东西，然后是这个品牌的东西品质如何、价格如何。

比如我们一想到奥利奥就能想到夹心饼干，可以"扭一扭、舔一舔、泡一泡"，很好吃；又如我们想到得力就能想到办公用品，这个品牌的东西质量不错；再如我们想到格力就能想到空调，这个品牌的变频空调每晚仅需一度电……

所以品牌力最终呈现出来的是一种内在的文化，是一种认知，是一种市场上的消费者对你的印象。

第一篇

游戏力营销：玩转新实体

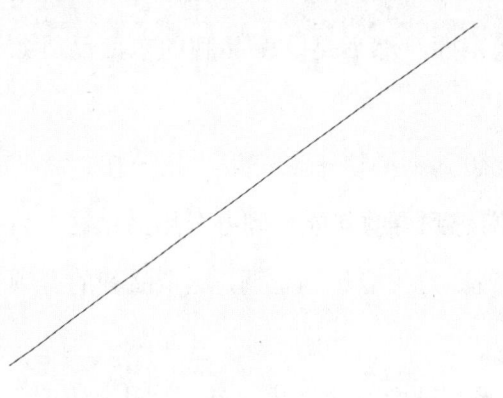

第6章

营销4.0：让消费者成为你营销的环节

"Z世代"新消费群体画像

"Z世代"是什么意思？

根据网络词条，"Z世代"原来是欧美流行用语，指在1995—2009年出生的，受互联网、智能手机和平板电脑等科技产物影响很大的一代人。

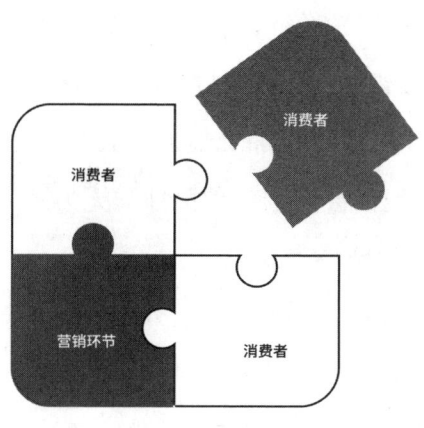

图6-1 消费群体画像

其实按照时间角度简单理解，"Z世代"实际上指的就是"95后"和"00后"。

网上有两组数据值得我们留意。首先是联合国经济和社会事务部2020年发布的统计数据——全球的"Z世代"在2019年达到24亿人，占世界总人口的32%，成为数量最多的一代人。

其次是国内的统计数据——中国"Z世代"人群约有2.6亿人，撑起了4万亿元的消费市场，开销占全国家庭总开支的13%，消费增速最快。同时，2020年11月，在移动互联网中，"Z世代"的活跃设备数有近3.25亿台，相较于2016年同期的1.66亿台，仅仅5年的时间增长近乎翻倍。"Z世代"已经成长为新时代的消费主力军和互联网势力大军。

"Z世代"从一出生就生活在互联网环境中，对互联网文化和新兴事物的接受程度非常高。"Z世代"大部分都是独生子女，大多数人性格较为独立，很有个性。加之国民生活水平的提高，他们的消费起点和观念又与上一代人有很大的不同。

在这样的成长背景下，"Z世代"人群大都个性鲜明、自尊心强且渴望被认同，是非常有个性但同时容易受外部因素影响的群体。值得注意的是，他们正在成长为中国新经济、新消费、新文化的主导力量。

"Z世代"最大的特点就是个性鲜明。在这样的背景下，他们更关心产品背后的价值和服务。再加上他们一直处于不断变化的成长环境中，面对不确定性，他们会感到一种孤独与无力感，很多时候他们想要的是偏向社交属性的消费场景。

比如他们更关注体验式消费、产品外观及直观部分的设计，更喜欢偏向社交的打卡消费。

举个详细一些的例子。我们应该都听说过喜茶这个品牌，近年来它备受年轻人青睐。2012年，喜茶成立于广东江门一条名叫江边里的小巷；2018年，喜茶自主开发了小程序——喜茶GO，拥有超过3000万人的线上会员，其中80%的会员是"90后"，线上订单超过总订单量的80%；截至2020年11月，喜茶已拥有位于海内外55个城市的660家门店。

喜茶这个品牌创立的时间并不长，但是为什么能一炮而红呢？

有一个机构曾经做过"年轻人为什么青睐喜茶"的调研，大多数年轻人的回答都是："第一原因并不是因为好喝，而是因为要去打卡发朋友圈，这对于我们而言是一种认可。"也就是他们哪怕是去喜茶门店排几小时的队，也仅仅是为了发一条朋友圈，获得"圈内"朋友的认同。

简单来说，就是"Z世代"的消费者更愿意为兴趣和社交埋单，更喜欢情感代入感比较强的产品。

具有鲜明个性特征的"Z世代"消费者，已经步入了黄金消费年龄段，最早的"95后""Z世代"人群甚至已经迎来事业的上升期。

其实对于企业和门店而言，"Z世代"消费者的这些新的消费习惯，为我们带来了更多新的机遇。

"Z世代"消费者往往在追求高品质、高性价比的同时，更加注重消费体验，商业高度繁荣、互联网高度发达的成长背景培养了他们更加多元的消费偏好。营销的趣味性、互动性对于品牌文化输出、与用户建立情感共鸣至关重要。

"Z世代"不再满足于单向接收营销信息，消费商品最基础的使用价值。他们更希望在消费场景中被聆听和被尊重，建立与品牌的双向反馈，并通过消费行为塑造个人审美和形象，紧跟潮流，拓展社交场景。

越来越多产品存在的意义是满足人们的精神需求。蛋糕满足的是快乐时刻的纪念意义，束身内衣满足的是美好身材带来的社会关注和自信。所以我们在关注产品功能、质量的时候，不要忽视它所承载的满足消费者精神需求的作用，要通过场景打造，让消费者产生联想和购买冲动。

对于商家而言，我们必须把握好他们的消费动向，从而更好地设计产品和营销方案。

营销 4.0：游戏力营销与消费者自我价值实现

我们知道，每一个时代都有最适合那个时代的营销方式。随着时代的进步，营销只有不断迭代，才能跟上时代的步伐，这个道理毋庸置疑。营销已经从 1.0 进化到了 4.0。

当然，营销的四个阶段不是我首创的，很多书里都能找到关于营销四个阶段的理论。

通过下面的论述，我们可以简单地理解营销 1.0 到 4.0 的概念。

营销 1.0，就是工业化时代"以产品为中心"的营销。这个时代的营销主要是为了解决企业如何卖出产品的问题，产品的功能、差异化成为企业营销的主要亮点。

营销 2.0，就是"以消费者为导向"的营销，不仅需要产品有功能差异，更需要企业向消费者展现情感与形象。在这一阶段，品牌诞生了。

营销 3.0，就是"以价值观驱动"的营销，它把消费者还原为"丰富的人"，也就是客户变成了有独立思想和精神的完整个体。企业更加注重与客户之间的互动与共鸣，营销的价值主张也变成了强调企业文化与客户价值观的一致性。

营销4.0，就是"以自我实现为驱动"的营销。为了实现利益最大化，企业必须从群体的维度去满足个体自我实现的需求，以数字化（大数据、社群等）为基础，将营销的中心转移到如何与消费者积极互动上来，尊重消费者作为"独立主体"的价值观，让消费者更多地参与价值创造。

这个时候，作为企业、商家、门店，已经不能仅仅满足用户需求，更要主动去创造用户需求、推动用户的成长。

在营销4.0的市场环境中，消费者已经很少因为物质需要而花钱，而更多是因为情感需求。

当我们的消费者已经不再仅仅关注产品本身，而是更注重产品背后的价值时，我们就需要注意寻找产品与人的精神诉求之间的联系，进而让消费者与我们产生情感共鸣和相同的认知，最后形成一个营销的闭环。

如何才能让消费者与我们产生情感共鸣和相同的认知，从而形成营销闭环呢？最好的方式就是将游戏的方法与私域社群的工具相结合。

我一直以来的观点就是"营销是一项系统性活动"。营销并不是单一的，不是仅仅做一场活动、设计一下包装、想两句文案就可以的，必须经过底层逻辑的串联和系统的打造才能完成。

这个世界很复杂，如果我们想让更多的人了解我们，就必须通过一定的渠道表达自己，这个渠道在当下就表现为社群。

只有拥有社群沉淀下来的粉丝基数，我们才能最大化地发挥游戏力作用，与消费者建立起快速、高质量的连接。

在5G时代，我们还必须知道一个词——"联结"，这个词和"连接"是有区别的。

联结是什么？简单来说，联结就是人与人之间的"朋友圈"，这个朋友圈不仅仅是指微信朋友圈，更是指以人为中心，挖掘这个人的社交圈子。

这对于我们而言，就意味着需要重新思考客户的消费路径，做好消费者与消费者之间的联结。在新的市场环境中，消费者不再是独立的个体，而是一个又一个与世界的联结点，通过这些联结点，往往又会激发出新的联结点。

其实关于联结，拼多多平台就做得非常好。拼多多采用"砍一刀"的方式，最大化地激发了新的联结点。拼多多"拼团"的模式，让消费者买到了更加便宜的商品；让商家获得了更多的推荐，卖出了更多的商品；让平台自身的用户越来越多、越来越活跃，产生了更大的收益，真可谓是"一举三得"。

相较于线上平台的风生水起，实体店就显得凄凉很多，因门庭冷落而关门的比比皆是。当下的实体人也困惑不已：开门店，店里没人；做直播，直播间没人；建社群，社群也没人互动……实体店的出路到底在哪里呢？

营销4.0的市场环境让我们更加深切地感受到了几个方面的危机：消费者的购买习惯变了，购买渠道太多了；要想拥有更多的客户，以前靠一款产品、一个门店就能做生意的时代已经结束了。当下的我们，就像手里拿个漏勺，想把游离在各个渠道的客户捞起来。

直播间、社群、小程序、公众号、短视频、微博，各个App上都有消费者，这就需要实体人脚站门店、头进直播间、双手做社群、身体分布于各个购物平台……即使不能做到八面玲珑，最起码也要做到三大项：直播、社群、短视频。

我还看到很多人给实体店讲解锁客技巧时会经常教别人用"买多少、送多少、返多少"的方式去做营销。这个营销方式的原理其实就是牺牲眼前的利益,并设计一个"局中局"去换取未来客人的消费。假设客人短期内被牢牢锁住了,那后面店铺如何获得正常且持久的利益呢?

在我看来,真正的营销不仅仅要研究产品和价格,更要研究人性。人性不单有占便宜这一种心理,如果你引导的客户都是为利益而来,那最后他们一定会为利益而去。我们一定要学会用好游戏的方法以及私域运营的工具,让客户找到更多选择我们产品或服务的理由。

谁参与谁记忆:营销与互动设计

在营销界,有一个词叫作"互动营销"。

互动营销中的互动,就是指企业和消费者双方一起动起来。也就是说在互动营销中,互动的双方一方是消费者,另一方是企业。企业必须抓住双方共同的利益点,想办法找到巧妙的沟通时机和方法,才能将双方进行紧密结合。

长期以来,我们都把营销的重点放在了产品本身,很少关注消费者连接。缺乏与消费者的连接,就会导致市场和消费者之间的关系非常脆弱。所以互动营销尤其强调的是与消费者建立关系,希望在某一场景下,企业和消费者双方都采取一种共同的行动,达到互助推广、互动营销的效果。

传统的互动一般有门店活动、商品展销会、大型订货会等,互联网时代的互动在传统的基础上又增加了很多渠道。比如我们常见的企业官网推广、微博话题引导、知乎问答、小红书分享、抖音分享、豆瓣社区互动、粉丝互动等。

无论是传统的互动，还是互联网时代的新型互动，互动营销都非常强调互动性，也就是说互动性是互动营销发展的关键。

企业与消费者之间进行充分的互动，就像是朋友之间的交流一样，时间久了会让消费者对我们产生一种微妙的情感联系，而非纯粹的利益关系。

这样做有什么好处呢？

我们可以想象一下，在与人交往时，我们是更相信那种在纯粹利益上往来的人，还是更愿意相信朋友？

对于消费者而言，如果他们本身对某一款产品有一定的了解，再加上对你这个企业有足够的信任，我相信在同类竞争中，他一定优先选择你的产品，而不是你竞争对手的产品。往大了说，如果你的消费者是你的粉丝，对你有足够的信任和依赖感，那他们不但会购买你的产品，甚至还会在他们的朋友圈内帮你推广。

这就和前面说的拼多多的"联结逻辑"是一样的。

无论是互联网平台的"铁粉"，还是传统门店的"回头客"，对于我们而言有一个非常关键的点叫作"谁参与谁记忆"。

怎么理解"谁参与谁记忆"呢？这跟"互动营销"有什么关系呢？想必我们稍微一琢磨就能琢磨出来个大概了吧。

互动，就是让别人参与进来。至于参与到产品的哪个环节，就是我们需要精心设计的了。花西子的案例对于我们而言，有太多值得借鉴的地方，但是在这里我只想阐述一个观点：谁参与谁记忆。

在充分的参与中，花西子的粉丝记住了它，所以它能够快速传播。

对于我们而言，也需要与消费者建立深度互动。

只有与消费者充分地互动起来，让消费者对我们产生一种深刻的记忆，对我们有了更加完善的认知和了解，才能让消费者首先认可并且购买我们的产品，甚至最终变成我们的联结点。

花西子——"花瓣"的力量

不少女性朋友肯定听说过花西子这个品牌。这是近两年彩妆界的"国货之光"，受到不少人的追捧，据说还被很多女性朋友作为送给外国友人伴手礼的必选产品。

花西子有几个经典Slogan：一是"欲把西湖比西子，淡妆浓抹总相宜"，蕴含东方含蓄之美；二是"东方彩妆，以花养妆"，蕴含健康彩妆理念；三是针对东方妆奁礼盒的"小轩窗，正梳妆"，蕴含朦胧之美。这几句Slogan可以说是把花西子推上了一个新的高度。

花西子于2017年成立，仅仅一年时间，它就凭借高达1亿元的三角眉笔销售额走入大众视野。后来，它又相继推出蚕丝蜜粉饼、同心锁口红、百鸟朝凤浮雕眼影盘、东方妆奁等爆款产品，正式成为彩妆界市场新宠。

这是为什么呢？

为此，我专门去探究了一下它背后的营销逻辑，发现了一个组织叫"花瓣"。

花瓣是花西子粉丝的雅号。

每推出一款新产品前,花西子就会在花瓣群体内挑选试用的粉丝，并且与粉丝就产品的功能、价格等她们关心的问题进行充分讨论。

与花瓣进行互动就相当于提前让粉丝知道：我们要上新产品了！这个产品将是什么样子的、有什么功能、价格区间是多少，让粉丝提前有了心理准备。

这些粉丝大多是女性，她们可能会关注产品外观漂不漂亮、产品功能好不好、产品是不是自己需要的以及价格贵不贵这些问题。

通过充分互动，她们心里的大部分疑惑已经被解决了，如果恰好哪一个点击中了她们，那么在产品上市的时候，她们将会第一时间进行购买，甚至还会推荐给身边的朋友。因为她们提前了解了，所以在推荐给朋友的时候，她们也会更加娴熟地介绍，这又形成了花西子的"二次营销"链条。

花西子通过这样一种互动，与消费者建立起了越来越深的联结，获得了越来越多消费者的认可。不可否认，充分互动其实也是花西子获得成功的一个关键点。

对于互联网平台吸引粉丝关注而言，是如此；对于实体门店拉回头客而言，更是如此。

花瓣群本身其实是花西子的私域流量。在后面的章节中，我会逐步讲到私域流量的重要性。只有构建企业的私域流量池，有足够的粉丝基数，才能更好地与消费者进行互动，否则对于企业或者门店而言就是"自说自话，没人买账"。

希望我们都能明白，让消费者产生真正深刻的记忆是要给他们制造感动。只有心中有客户，才会时时刻刻想着如何制造让他们感动的场景和方法。

只有让客户参与、让客户感动，才能形成一个好的联结场景。

第 7 章

游戏力营销的魂：让消费者从"参观者"变为"参与者"

活跃："三观"一致的，才是好朋友

你了解你的消费者吗？他们主要是男性还是女性？他们分布在哪个年龄段？他们的收入结构是什么样的？

有人可能会说："我就是一个小微企业，一个小小的门店，我只需要做好生意就行了，我了解他们干吗？"

是啊，了解他们干吗？有什么用？还不如花点时间多多做营销、卖产品，对吗？

很显然，对于如今这样的消费环境而言，这样的想法不对！

大多数小微企业或者门店都处于求生阶段，可能忙于产品研发、生产、销售，也可能忙于店铺扩张、促销，很少有人能够静下心来想一想"我的消费者是什么样的人"。这在原来无可厚非，但是在今天，可能是一个致命的问题。

为什么呢？

我们可能或多或少都在手机上遇到过拉新用户的链接，比如美团优选新用户可以免费领杯子、脸盆等小商品，点淘 App 新用户可以 1 元购买某些商品，拼多多新用户 1 元抢大榴莲等，这些都是平台拉新用户的手段。

为什么这些互联网平台纷纷开出诱人条件，吸引用户下载软件呢？很显然，他们在吸引新的消费者。

这叫"获客"。研究表明，当今的获客成本逐渐升高，很多互联网平台都在争抢新用户。对于小微企业、传统门店而言，获客成本也在升高。

小微企业、传统门店要想吸引年青一代消费者，就必须不断进行创新。不论是在商品生产环节还是商品营销环节，都必须投入更多的成本，这样才能获得年轻人的关注，才能卖出更多产品。

那在这样一个越来越复杂的市场环境中，我们该如何去抢夺消费者、在市场中占得自己的一席之地呢？

我的答案是——活跃。

就像我们跟人交朋友一样，刚刚认识的时候，我们彼此都是不熟悉的，很难一见面就成为很好的朋友。

我们如果想要与某人成为好朋友，甚至是知己、挚友，就需要在那个人面前不断活跃，通过喝茶聊天、一起逛街、一起运动、一起玩游戏等活动，增进对彼此的了解和信任，这样才能最终成为朋友。

当然，这个过程所需时间因人而异。比如有的人可能通过一两次活动，就能够一见如故成为好朋友，有的人可能通过很多活动依然不能成为交心的好朋友，这也跟每个人的"三观"不同有着极大的关系。

但有一点不可否认，活跃的次数越多，就越能增进彼此间的了解，从而判定那个人是不是我们想要交往的朋友。对于产品的选择，这个道理也是一样。

怎么活跃呢？

第一，关注活跃时间段的设计。

拿微信朋友圈功能举例。一天中，商家发朋友圈最好的频次是4次——上午、中午、下午、晚上各一次。上午最好在7：00—9：00发布，中午最好在10：00—12：00发布，下午最好是在16：00—18：00发布，晚上最好是在21：00—23：00发布。

当然，根据你朋友圈内容的设计，具体时间可能有所调整。但是大致就是在这些时间段发送效果较好，因为这些时间段是人最有可能看手机的时间段，也就是用户的活跃阶段。

对于小微企业和门店而言，必须研究好你的消费者群体最活跃的时间段，这样才能抓住消费者的时间，去吸引消费者的注意力。

第二，关注活跃场景的选择。

你的消费者喜欢活跃在什么样的场景下？是轻松欢快的场景、温馨舒适的场景，还是高雅文艺的场景？这取决于你的产品性质以及你的消费者结构。

假如你的产品是一本图书，那你的消费者有可能是爱读书的文艺青年，他们更喜欢高雅文艺的场景；假如你的产品是一款母婴用品，那你的消费者有可能是宝妈、宝爸，他们更喜欢温馨舒适的场景；假如你的产品是一款玩具，那你的消费者有可能是孩子（当然埋单的可能是大人），他们更喜欢热闹欢快的场景。

所以我们可以想想，我们的产品是什么？我们的消费者都是哪些人？然后根据消费者群体去设计适合企业或者门店的活跃场景。

第三，关注引爆消费场景的活动设计。

我曾针对"实体门店怎么做活动才能吸引人"专门做过调研,有很多人都有一个共识——单一的活动已经无法吸引顾客到店了。

那什么样的活动对于消费者而言才具有吸引力呢?如何引爆消费场景?

首先就是系统性,一个活动,如何从方方面面吸引消费者是非常关键的;其次是活动的趣味性,要引爆消费者的活动一定是有趣的;最后是活动的持续性,我们需要不间断地进行活动,只有你自己首先有活跃的意识,消费者才会活跃起来。

充分的活跃度,能让更多的消费者对你有充分的了解和信任,从而达成"三观"一致,也才能最终成为你的忠实粉丝。

所以,我们为什么要对活跃说不呢?充分活跃起来吧!

连接:如何占住消费者的时间

我们在抢夺消费者的时候,大多数商家更看重消费者的钱包,而这种做法大概率是在做价格让步,对品牌和企业都会有影响。

消费者的钱包是占用不完的,但他的时间是有限的,给了你就没办法给别人了。所以我们需要换个维度去占用消费者的时间。

我们可以通过各种娱乐游戏或者轻松的社群、短视频内容让消费者把时间留在我们这里,久而久之,彼此的感情和信任程度大大提升,成交也就是自然而然的了。

有个词叫"日久生情",我们与消费者的互动频率高了、时间久了,感情也就生成了,也就是说我们要用吸引代替纠缠,用服务代替成交。只要我们做好内容,设计好轻松的互动游戏,消费者自然愿意在我们的社群里花掉他的时间。

消费者的时间一般分为两种,一种是花给他人的,比如他的客户、家人;另一种是花给自己的,也就是消费者一个人安静地拿着手机浏览的时候。这个时候他就想放松,不再思考工作和他人,这个时间完全属于消费者自己,而我们就是要占用他的这种时间。

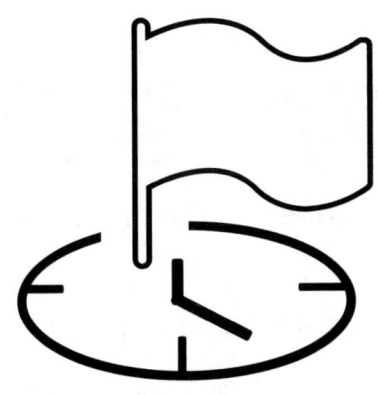

图7-1 占住消费者时间

当下的新零售实际上更加符合"懒人"的需求。以前,我们需要走到门店,精心挑选并购买自己需要的商品;后来,我们可以浏览专门的网站,动动手指就可以在家里完成购买;再后来,我们看视频休闲放松、学习知识的时候,就能在左下角看到我们想要的商品,动个手指就完成购买了。这也是直播带货、短视频带货的逻辑。背后的平台通过大数据知道我们想要什么,不耽误我们参与其他活动的时间,在我们放松娱乐期间就见缝插针地把需要的商品推荐给我们了,高效、准确、便利、优惠!

如何占用消费者的时间呢?

我们需要了解消费者24小时之中主要在做些什么，注意力都集中在哪里，这样才能更好地找到占用他们时间的方法。

网上有很多数据是公开的，关于消费者时间的数据很好获取。但我们最主要的还是要做消费者分析，我们的消费者群体主要是哪些，这很关键。

根据用户画像理论，我们可以尝试画出自己的消费者画像，然后去研究我们的消费者一天之中大部分时间花在哪里。

简单来说，就是要清楚地知道：我们的消费者是谁？他们一天中主要都在做什么？

知道了他们是谁、主要在做什么以后，才能更加精准地知道如何去占用他们的时间。

关于电商如何连接消费者并占用消费者时间，我们需要知道用户活跃的时间段。我们在哪些平台上进行营销，就去研究哪些平台的数据。比如抖音、淘宝、拼多多用户分别在哪些时间段比较活跃的数据，直接通过网上搜索就可以得到。

至于数据分析，就看你想要得到哪一块的具体信息了，只需要重点关注你想看到的数据即可。

那实体店又该如何连接消费者、占用消费者的时间呢？我们可以通过一个案例来看一下。

沧州酒城的逆势突围之路

一家新开的酒城如何在实体门店低迷的困境中突围,用6000瓶红酒线上引流1.2万余人进群,实现高达40%的线下进店率,并且还沉淀出首批忠实客户呢?

在酒城即将开业之际,公司总部提供了6000瓶红酒作为支持,要求通过社群来引流,要让尽可能多的消费者在开业时来到现场进店领酒、消费。

微信群的建立不难,但是要在这么短的时间内筛选出精准客户建立社群,则是巨大的挑战。

进群领酒的活动面临的首要问题是人群不精准。酒城希望来的是喜欢喝中高档酒的人群,但是往往来领酒的人大多是想占便宜的人。第二个问题是来领酒的人领酒后会不会购买,也就是如何提高转化率。

为此,我们策划了几个游戏化的活动来留住客户。

首先就是建群。以酒城十几位员工为基础,让他们邀请自己的家人、亲戚、朋友等人员进群,只要群达到300人的标准,每人就能以到店免费领取一瓶红酒的方式开展裂变,最终建立40个群,吸引1.2万余人。

仅仅一瓶红酒可能不足以吸引真正爱喝酒的人到店,因此我们还用这40个群1.2万余人的资源,连接了很多免费的异业资源,用更大的利益吸引尽可能多的人到店。我们连接了免费洗车、KTV免费欢唱、火锅鸡优惠券、酒店入住券、蹦趴馆体验券等资源。

有了前面两个活动的沉淀，下一步就需要将消费场景进行转化了——因为群里很多都是当地员工拉进来的亲戚朋友，有一部分人是相互熟悉的。基于这一点，我们迅速在群内营造朋友聚会的氛围，通过"我有酒你有菜吗？""我有酒一起嗨吗？""我有酒你有故事吗？"等场景引导群里认识的人一起来领酒，提高了大家来领取的欲望。

最后是延长时间的关键做法——拍照。到店领完酒以及异业联盟的餐馆优惠券，亲人、朋友顺便就可以去聚个餐——把原本是独自领酒回家喝的场景转变为朋友聚餐的场景。在聚餐的时候只要拍一张带有红酒的照片就能进入VIP福利抽奖群免费参与抽奖活动，同时在酒城里额外消费的人也可以进入VIP福利抽奖群。

经过1个多月的时间，沉淀了精准客户500余人。

沉淀完精准客户，就要进行VIP福利群的运营和转化了。我们在VIP福利群内继续组织了抽奖活动、线下聚会、新品试喝等各种各样的链接活动，VIP社群的活跃度和复购率都非常高。

最终，通过这一系列活动，酒城的社群引流12000多人，进店率高达40%；并建立了多个精准客户社群，活跃度和复购率高达30%。

通过这样一种连接，我们打造了消费场景，将用户的时间充分占用，这是沧州酒城能够逆势突围的最根本原因。

只有一环扣一环地进行系统设计，才能形成与消费者之间的连接，延长占用消费者的时间；只有占用了消费者的时间，才能占用他们的注意力；只有消费者的注意力放在我们的产品或服务身上，我们想要的结果才能最终呈现出来，才能真正形成后续价值的转化。

你准备好了吗？开始连接吧！

深度："以人为本"的营销方式

说到"以人为本"，就不得不回到我们关于"营销 4.0 到底是什么"的话题中。

在这里谈到"以人为本"的话题，并不是在重复营销 4.0 的概念。实际上"以人为本"的营销方式是让消费者从"参观者"变为"参与者"的关键点。

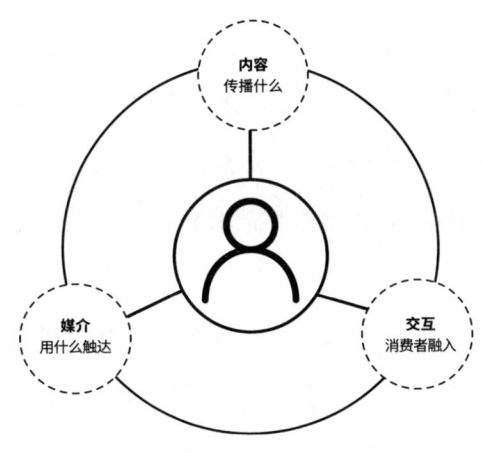

图7-2 营销方式

我们前面讲到的活跃、连接，都是具体的方法和手段，"以人为本"才是新营销的本质。

我们生产每一款产品、做每一项服务之前，是不是充分地进行了产品和服务的深度剖析？比如是不是考虑过这款产品或者服务能够给人的生活带来哪些好处、哪些改变？是不是人们生活中所需要的？

这些也许我们从前并没有认真地去思考过，但是今后，我们必须要为此改变自身的思维和格局，真正做到"以人为本"，从源头开始优化我们的营销方式。

其实这就像是人与人之间的交往一样，想要收获别人的真心、获得别人的倾心相待，首先就要付出自己的真心。

我们永远要知道：人与人长期的交往都是将心比心、以心换心的。

"以人为本"的营销重点在于让你的产品或服务变成消费者的知心朋友。因为消费者是人，人的需求都是具有感性色彩的，我们应该顺应人的需求，让产品或者服务像人一样可爱、可亲。

新营销要把消费者当作朋友，并且成为他们生活中必不可少的一部分。

从之前章节里出现的例子中，不难看出"以人为本"的设计原理。比如酒城聚会场景设置，消费者不再是简简单单过来领几瓶酒就离开的人，而是有独立需求、情感联系的完整的人。我们在设计这些活动场景时，一定要充分考虑消费者的情感需求和潜在需求，这样设计出来的营销活动才会更加具有人情味。

在数字化越来越普及的未来，我们不知道有多少产品和服务最终会被冷冰冰的机器取代。产品生产和服务环节能够被取代，这是技术的进步，但人的情感需求是一直存在的，甚至会进一步增强。所以我相信，在未来，人性化的品牌一定会脱颖而出，立于不败之地。

在我们迈向数字时代的营销 4.0 时，我希望"以人为本"的营销方式能够引起每一个企业家、店主的注意，并进一步去感受、探索这种营销方式。

回归到《游戏力营销：掘金私域流量》整本书的逻辑上，不难看出游戏力营销真正的轨迹是什么。在这里可以简单梳理一下，首先要知道我们的消费者是谁，然后去挖掘他们潜在的渴望和需求；而后生产出产品，或者推出服务内容；再用游戏力营销的方式进行场景互动，与消费者进行进一步的连接，使其沉淀成为私域流量池；最后达到营销的目的，形成我们自己的 IP 和市场竞争力。

当我们挖掘出消费者的需求时，就可以认真地探索"以人为本"的深度营销方式了。

第 8 章
游戏力营销的"主调性"

"游戏+":人为什么需要游戏?

从古至今,在人类和动物的生活中,游戏都是无处不在的。追逐嬉戏、休闲娱乐,实际上都是人和动物的本能需求。

对于人来说,无论是大人还是孩子,都有对应的游戏需求。精确到个人身上,其实每个人都有自己的游戏需求和游戏方式。

最常见的游戏就是一些使人高兴、放松、心情愉悦的休闲方式,比如喝茶、唱歌、读书、看电影、逛街、运动、画画。

但更高级的游戏往往是伴随人的情感,也就是人的喜怒哀乐而设定的。

有一种观点我很认可,对于娱乐,它是这样描述的:"娱乐是任何吸引人注意力的东西,并且很多时候,还伴随着消费者强烈的情绪。"

我们的消费者是有血有肉的人,他们在面对一件事或者一个物品的时候,会有自己最直观的情绪感受。比如看到一个很漂亮的东西,他们会自然而然地被吸引；参加一个很有趣的活动，他们也会感到高兴、愉悦；获得某样自己需要的商品，他们会感到满足，这些都是能够吸引他们注意力的东西。

游戏就像是调味剂，可以调剂人的生活。在面临负面情绪的时候，游戏可以让我们迅速回到一个饱满的状态。

对于企业和店铺而言，我们又为什么需要游戏呢？"游戏+"又是什么？

大多数人认为游戏就是用来打发时间的，并没有什么实际的价值。真的是这样吗？

尽管游戏对于大多数人而言是打发时间的，但不能否定的是，游戏是我们的硬性需求。而对于企业和店铺而言，更是当下不得不去探索学习的领域。

转换一下思路：在生活和工作中，人们经常会遇到各种各样让人难过的事情，游戏活动和游戏产品是不是可以让人放松，并且暂时脱离现实的艰难？通过情绪的释放与疏解，人们能够振作起来，重新去面对生活和工作中要解决的困难。这样看来，游戏是不是一项值得关注的伟大事业呢？

所以，"游戏+产品"是不是一种思路？

对于生产玩具的企业，游戏必然是其产品存在的意义。那对于服装企业、快消品生产企业而言呢？其实也是一样。因为不论是对于哪个行业而言，"具有鲜明的个性"都将是新时代获得消费者认可的唯一方式。比如我们生产一条裙子前，一定会有服装设计师进行设计，找到企业独特的风格也好，紧跟时代潮流也好，都是我们个性的体现。如果我们只是一味地生产和市面上一样的或者差不多的产品，那我们的产品一定不容易卖出去。

把游戏思维运用到产品设计中来，尊重人的本能，你的产品一定会有一个质的飞跃。

游戏是大多数人打发时间的必然选择。那"如何持续吸引消费者的注意力"就成了我们必须要探索的问题。

我们能否把任何严肃的产品和服务都变得有趣起来，以游戏的方式呈现，并引导更多人参与进来呢？

人不是机器，我们需要吃饭睡觉，需要参与工作，需要融入社会，也需要游戏，这些都是人的需求。

生命本身没有特别的意义，我们最终都会走向死亡。但是游戏，是我们赋予生命的颜色，可以让我们的生活更加丰富多彩。

游戏，也能让企业、店铺的生命延长，找到属于我们企业、店铺的风格和态度。这才是真正的"游戏+"。

"营销+"：最容易的营销方式

营销这项活动对于实体企业而言，是简单还是困难？我想我们大多数人的回答都是一样的，那就是困难。对于有的企业和店铺而言，甚至可以说是艰难。

经营一家企业，归根结底就是生产某件产品（或提供某项服务），然后把这件产品（或服务）卖出去，把钱收回来，继续投入生产、销售，通过这样一个循环，把企业做大做强。

对于企业和店铺而言，产品或服务环节（生产、进货都属于产品环节）已经是一个大难题了，会面临设备落后、资金不足、场地不够等问题，我们要费尽千辛万苦先解决产品或服务环节的问题。这个环节处理好了以后，我们往往感到心力交瘁，营销环节就草草了事。

对于真正做好了产品生产的实体老板而言，往往一提到"营销"两个字，就会感到头大。

看似经营一家企业或店铺，仅仅就是有产品、卖出去这么简单，实际上对于一个实体而言，任何一个环节的疏忽都有可能是致命的打击。

生产和营销本身是两个相互联系又相互独立的系统。能很好地生产，不等于能很好地进行营销。

对于实体人而言，只有找到最容易的营销方式，才能实现自身价值利益的最大化。

那什么是最容易的营销方式呢？

答案显而易见：游戏力营销 + 社群！

游戏是人的本能需求，满足一个人的本能，说简单也简单，说难也难。当一个人满足了最基本的生存需求（吃饱穿暖）和安全需求（身体健康）的时候，就开始关注社交需求了，这三层需求实际上都可以与游戏力相结合。

我们总是需要吃饱穿暖、身体健康的，但是如果我们可以在愉悦的环境中、在高级的品位中吃饱穿暖、身体健康，是不是也能让我们感到更高层次的需求被满足了呢？

对于实体人而言，为什么游戏力营销是最容易的呢？

因为我们需要获得市场的信任，而获取信任最快的方法就是玩。如何带着你的消费者跟你一起玩，让消费者对你形成清晰的认知，从而玩转你的市场，是游戏力营销的关键。

比起花高价去打广告，实体门店更应该通过设计游戏环节去吸引行人的驻足，从而让人对产品进行关注，产生购买行为。

也许你认为做活动也会花钱。

那就要讲到另外一个关键点了——社群。

举个例子：我们在线下做一套广告或者做一场活动需要设计海报、展架，印刷传单，准备背景喷绘、活动赠品等，对于我们而言，这些都是不小的支出。但是如果有一个社群，我们就可以在群里发起娱乐活动、进行跟产品相关的互动等。当社群足够活跃的时候，往往只需要付出几个小额红包或者几张电子海报就能实现很好的互动。

当然，要实现这些的前提是我们的社群足够活跃。

新时代已经来临，我们可以用的工具有很多。作为新时代的实体人，我们一定要善于使用互联网工具，用心沉淀，构筑好我们的私域流量池，这样才能在这个竞争激烈的市场上占得一席之地。

新时代的"营销+"已经到来，你准备好了吗？

"价值+"：先做朋友，后做生意

我们可以先来想一个问题：我们会更信任一个陌生人还是一个朋友？

图8-1 做生意与做朋友

比起一个陌生人，同频的朋友之间有一种信任的"磁场"存在，我们通常会更加容易相信朋友。

但是真的要做到彼此信任，往往很困难。我们也很难轻易去抓住别人的心。

有句俗语说得好："要抓住一个人的心，先要抓住他的胃。"那作为企业、店铺，我们要抓住消费者的心、和消费者成为朋友，首先要抓住什么？

带着这个问题，我们一起来看一个案例吧。这个案例是我从事咨询活动、社群管理这么多年来，遇到的最具挑战的社群——这个群很特殊，因为他们的工作很特殊，所以几乎没有人在群内活跃。那我们是怎么让这样一个群重现生机的呢？

小太阳草莓灯的连接之路

2021年,我们接了一个特殊的项目。这是一款小太阳植物补光灯,可以杀菌消毒,降低虫害率,是一款很好的专门针对草莓种植户的农作物补光产品。

为了在草莓基地更好地宣传这款产品,我们将首批使用小太阳补光灯的种植户建群进行维护并借此收集各类相关数据。但是如此简单的想法却遇到了前所未有的困难。

草莓种植户一般都会把时间、精力放在田间地头,很少有人有时间坐下来看手机,即使有时间,也更愿意打开一些休闲娱乐的软件,很少有人会主动看群消息。对于他们而言,群就是可有可无的东西。

从吸引他们进群、关注群到主动参与群活动,都是困难重重。

基于这种情况,我们首先想到了我们的杀手锏——游戏活动,使他们养成参与群活动的习惯。游戏活动也是这个社群活跃的起点。

我们选取了30家草莓种植户,以进群有红包、进群有服务、进群有礼品等方式添加种植户的微信号,并邀请其进入补光灯用户群。

第一阶段,线上,我们每天在社群内主动发红包、天气信息、补光提醒以及草莓种植知识等,开展多种纯福利性质的活动,具体包括红包抽奖、掷骰子抽奖、快问快答等。线下,由驻点服务人员现场派发奖品、悬挂补光灯示范户荣誉牌、上门教授使用方法,并组织补光灯效果观摩会、答谢会等多种形式的活动,拉近与种植户之间的距离。

我们评选出了小太阳草莓产量冠军、小太阳产量记录冠军、小太阳草莓种植专家等五个奖项,分别给这些种植户颁发了荣誉证书并给予了物质奖励。在这个环节中，我们随时在群内发布证书和奖励的照片，其他的种植户看到后也会更加关注群动态。

第二阶段，我们举办了拍一拍晒图奖励活动——种植户只要按照实际采摘量记录当天的"小太阳采收数据表"，并拍照发到群内，就能按照累计上传次数领取对应的奖励。

完成这些前期的引入活动以后，破冰行动就完成了，群也开始活跃起来，每天会有上百条的信息发出！

要让他们持续活跃，还是要回归游戏本身。所以我们又设计了"快问快答""我画你猜""猜灯谜"等游戏活动。活动中安排主持人以及气氛活跃组，在群内造势。

一个月后，种植户已经从一开始不关注群，变为每天主动打卡晒草莓，活动参与率从20%增加到了70%以上，最终达成了以下成效：

表8-1 太阳能补光灯成效表

类　型	有效数据
产量记录数据	62条
收集用户数据	14位
有效用户数据	12位
室外温湿度数据	4473条
补光区域温湿度数据	4522条
对照区域温湿度数据	1635条
室外温湿度记录天数	49天
对照温湿度记录天数	49天
补光温湿度记录天数	19天
产量记录天数	34天

游戏力营销 掘金私域流量

这个补光灯的社群面对的是不爱看手机的种植户,我们首先要做的就是通过活动抓住他们的注意力!

所以,要抓住消费者的心,首先要抓住他们的注意力。消费者的注意力放在哪里,心就会在哪里。

当我们把自己置身于"朋友"这样一个角色中,主动站在消费者的角度去思考可能面临的问题,设计出来的活动才是有生命力的,才是真正吸引人的活动,也才会有人愿意参与进来,达到最终转化的目的。

人与人之间的交往,往往就在于"将心比心"。当我们真正学会把消费者当成朋友的时候,我们的商业才会变得更加有温度。

第 9 章

游戏力营销实战训练：学会"吸引"三部曲

打扮：成为别人喜欢的样子

我们要想更好地展示自己，就必须要"打入外貌协会"，成为别人喜欢的样子。

"外貌协会"是一个"年轻"的词，大概意思是注重外表的人。外貌协会的人会更加看重一个人或者一件物品的外表，被外表所吸引。可以自我对标一下，我们去买东西，第一反应是不是被某一款产品的外表所吸引，然后才去了解这款产品的其他信息呢？

如果不是，那你可能不是外貌协会的人。不过我们要知道，大多数年轻的消费者都是外貌协会的人。

这意味着我们如果想要抓住年轻的消费者，就必须打入外貌协会内部。

如何打入外貌协会呢？

不管是视频、海报还是文案，甚至是产品，我们要展示的形象都需要打入外貌协会,在与消费者接触的第一时间就吸引到他们的注意力,这一点是不容置疑的。

就像我们前面提到的小白心里软和花西子这两个品牌,他们在与消费者对话的环节中,体现的就是妥妥的外貌协会论。

要打入外貌协会,首先就要有鲜明的个性。

我们看到的小白心里软,最鲜明的个性就是一个浑身乌黑的小人儿,名叫"小白",极其具有"反差萌";花西子的外包装极具东方美学色彩……这些成功的展示背后,都是品牌和别人不一样的地方。所以我们首先一定要找到自己的"主调性",找出我们和别人不一样的地方,再进行独特的设计。

为什么首先要强调鲜明的个性呢?

我们分析过新时代消费者的特性,发现他们身上最具有代表性的特征就是有个性。消费者已经变得更加有个性了,如果我们的产品还停留在传统的层面上,是很难抓住消费者的心的。

对于实体店而言,要打入外貌协会,需要做大量门店装修、海报设计等实体的展示。但对于线上而言,仅需要打造微信朋友圈、视频号昵称、个性签名以及主页。

微信版本在持续更新,朋友圈和主页背景已经由一开始的只能设置图片变成了可以设置动态视频,还能与视频号直接相连——要知道,这意味着我们展示的渠道变得更加宽阔了。

我们的朋友圈背景视频可以自行添加带有产品或门店营销性质的视频,主页的动态可以设置为视频号里的内容,公众号能与视频号直接一键相连……这些功能的更新,意味着在微信里做营销就变得更加容易。

功能变得非常强大，就意味着竞争压力增大。所以我们更需要打入外貌协会了，要像设计产品一样去设计我们的主页。

主页要素主要包含了昵称、个性签名、资料卡展示等，我们的昵称可以是产品或者品牌名称，也可以是我们从事的行业名称加个人名字组合，建议不要超过 6 个字符，这样在别人关注我们的时候，才能看到全称。

个性签名可以是品牌或产品口号，这样可以加深消费者的记忆。

至于资料卡，也是围绕我们的产品或品牌进行设计的。当然，一些个人信息不必填得过于精细。

另外一个重要的要素就是我们的头像，不管是微信账号头像还是视频号的头像，既可以用品牌 Logo，也可以用自己的形象照——注意这里的形象照一定不是普通的自拍照或者生活照，而是由专业摄像师拍摄修饰过的形象照。

至于到底是用个人照还是用产品品牌照片，就要看我们自身的属性是倾向于个人 IP 还是产品品牌 IP 了。

比如对于专业做咨询的导师型的人而言，肯定是个人形象照比较合适；对于销售型的人而言，尽量采用本人或者 IP 化的头像。

俗话说得好："世界上没有丑人，只有懒人。"我们一定要多花一些心思，做好细节的展示，早日打入外貌协会。

展示：客户在哪里，我们就出现在哪里

现在消费者的注意力是碎片化甚至是粉末化的，很难有某一件事情能够长久地吸引消费者的注意力。当一个人拿着手机的时候，他在一段时间内会看到多少内容？他可能要看新闻、天气预报，可能要买一件衣服、要点外卖，还可能要刷短视频，也有可能会玩斗地主……每一个App占用客户的时间都变得更短了。当今，我们已经很少有机会能在线下跟客户见面了，所以我们必须争取能够在线上多跟客户"偶遇"。想要跟客户有更多的"偶遇"机会，我们就必须学会多渠道展示自己，让客户刷抖音、刷微信视频号、刷朋友圈的时候都能遇见自己。

客户每一次刷到我们，其实都是我们和客户之间的一次"偶遇"机会。

客户没有办法把时间聚集起来，但是我们可以把自己的时间聚集起来，多渠道地出现在客户面前，加强与客户在线上的联系。

当我们只盯住一个渠道去投放的时候，就丧失了跟客户以更大概率"偶遇"的机会，达不到我们想要的营销效果。

一般来说，我们做营销投放，要结合当前的产品结构和长远的发展战略来做决定。比如，我们的某一款新产品刚刚面世的时候，为了吸引消费者的关注和打动经销商，我们就需要考虑一些主流媒体和大型投放平台，以保证我们产品发布的权威性。

如果是要实现产品的销售，我们就应该考虑受众更加广泛的互联网平台，比如微信视频号、抖音、今日头条等，这个时期一定要注重广泛性。

一旦确定好我们要投放的方向，就要开始分析受众了。投放的受众

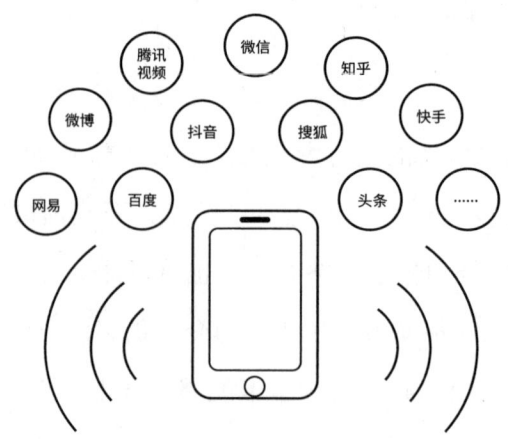

图9-1 营销投放

就是我们的潜在消费者。

消费者对我们投放的信息产生兴趣、留下印象甚至是产生购买欲望，都要求我们的投放有一定的频率，来反复提醒消费者。

这个很好理解，消费者对一个事物的注意力是有限的，这个注意力会随着时间的推移而逐渐减少，因此我们需要用多种渠道配合的方式，延长消费者对我们的注意力。

当然，不同的媒介有着不同的传播特性和不同的时间特征，我们应该选择权威性渠道还是广泛性渠道？所有媒介都一样，并不是一次投放就终身有效的，都具有一定的时效性，这一点我们也需要清楚。

不管我们采取哪种形式投放广告，都应该遵循效益最大化原则，在选择投放渠道的时候尽可能地进行合理组合。具体如何合理组合，需要根据每个行业、每个产品来进行设计。

回归我们的本质问题，如何把鸡蛋放在很多篮子里呢？

第一，做好预算，合理配置。

通常我们在做企业营销或者是某一款新产品上市营销的时候，都要首先做好营销预算，看看我们自己有多少资金准备用于市场投放。

对预算有了充分考量以后，我们在设计合理投放组合的时候，思路也会更加清晰，明确地知道我们能投放多少权威性媒介、多少大众性媒介、多少互联网媒介等。

对于我们而言，这样配置出来的组合是最贴近自身实际的，也是最为合理的组合。

第二，做好消费者分析，精准投放。

我们的产品或服务针对的是哪一类人群？这非常重要！

只有分析好这一类人群，才能知道他们主要活跃在哪些媒介里，也才能实现精准投放。

第三，掌握好投放时间，快速投放。

在投放之前，我们必须把要投放的视频、海报、文案等硬性条件准备充分，然后快速完成组合投放。注意一定不要单一投放，这样达不到"轰炸"的效果。

前面的投放，都是具有普遍意义的投放。但是对于小微企业和实体门店而言，如果想要更好地投放，可以先尝试使用"微信视频号＋抖音号＋今日头条号＋社群"的组合。

上文讲到的平台互通意味着在投放上，我们可以不用再去浪费过多的精力，只需要做好内容，然后就能同步发布至各个平台。既然如此简单，为什么还要加入社群呢？

因为"投放"不等于"转化"。我们经常会看到很多人发布视频，发布本身是没有太高门槛的，但是要吸引粉丝，最终让粉丝产生购买行为是比较难的。

所以，我们需要一个易上手的工具来沉淀流量，实现下一步的转化。

易上手、黏性强、高转化率——能同时实现这些的，恐怕最好的就是社群了。

所以，我们一定要尝试实现多渠道投放与社群运营的高效率转化，学会打"组合拳"，才能收获意想不到的效果。

示好：让客户知道"我喜欢你"

当我们向别人表白的时候，最常说的一句话就是"我喜欢你"。

那么如何让客户知道"我喜欢你"呢？其实就是用心。在这个信息碎片化的时代，当我们足够用心地去打造内容的时候，实际上就是在告诉我们的客户："我喜欢你！"

前面关于时代的话题中有提到过，这个时代也是一个"内容为王"的时代。

我们都知道中国正在进行经济转型，大力推进创新型经济发展。内容跟创新型经济发展有什么关系呢？

实际上对于内容创作而言，创新力就是内容的生命力。所以创新型经济发展是内容的原动力。

只有全员重视创新、参与创新，内容才能更加丰富。

我们要打造产品或者服务，市场竞争环境其实是非常残酷的。在当今世界，我们很难找到一个纯粹的"蓝海"市场。在市场上各行各业都已经有人占据了大部分份额，研发成本、获客成本都变得更高了。

对于中小微企业和实体门店而言，我们所要投入的运营、服务成本变得更大了，风险也更大了。这种时候，没有绝对的竞争力是很难在市场上存活下来的。注意，我说的是存活下来！只有先想办法存活下来，才能有下一步的发展。

不是我在这里危言耸听，这是互联网时代下实体人不得不面临的挑战，是无法逃避的问题。

在资金不充裕的情况下，如何在市场竞争中存活下来并且获得很好的发展，成了我们最应该重视的话题。

对于我们而言，做内容就是一个很好的选择。

为什么呢？

因为内容更加注重创意和想法，不一定要投入很多的钱，就能达到想要的效果。

游戏力营销本身实际上就是设计各种各样的内容。换句话说：游戏力营销等于玩转内容。

注意，我们所处的时代并不是一个单一的时代，也不能用一个特征就把一个时代表述清楚。

说起"内容为王"，就不得不提到"渠道为王"和"流量为王"这两个概念。

什么是"渠道为王"呢？

传统的渠道是指企业B端的经销商和C端的消费者，经销商和消费者就是我们拥有的渠道。我们下面"有多少人"，就能在这个市场上占据多大的份额。

但是在逐渐成熟的市场环境中，渠道资源变得短缺起来，企业之间的竞争就像是围栏圈地。谁占据了销售和传播渠道，谁就更容易被市场接受，谁就是赢家。

简言之，传统的渠道为王，就是指谁的经销商、代理商数量多，或者在全国门店的数量多，谁就能成为行业巨头。

互联网时代的渠道变得更加复杂，除了企业自身拥有的渠道，还有头部营销平台渠道，比如淘宝、抖音、微信视频号等，这些都是渠道。随着产品和内容数量的增多，渠道开始有权挑选优质的产品和内容进行合作，话语权变得越来越大，逐渐成为稀缺资源，这就是真正的"渠道为王"时代。

什么又是"流量为王"？

进入互联网时代以后，市场规则发生了颠覆性的变化。我们只需要用一部手机就可以买到全世界的商品，每个人都成了一个"可分享"的中介，都可以进行表达、转述、分享。

无论是销售渠道还是传播渠道都变得更加容易触发，比如注册一个淘宝店，就可能成为一个销售渠道；注册一个微信公众号，就可能成为一个自媒体；注册一个抖音号，就可能成为一个宣传渠道……这说明了什么？

这说明万物已经开始有意无意地实现互联了，渠道也已经不是稀缺资源了。

这么多销售渠道和传播渠道，我们如何把它们变成为我们所用、为我们实现盈利的有效渠道呢？

这就需要去吸引别人的注意力。我们可能听说过"标题党"和"粉丝经济"这一类词语，这些都是吸引"注意力"的方法。

当我们吸引到一部分人的注意力的时候，这部分人就变成了我们的"流量"。所以在这个时期，流量逐渐变成衡量某个产品或某项服务的商业价值和投资价值的标准，我们正式进入了"流量为王"的时代。

所有的渠道，都在想尽办法通过自身的产品和内容来吸引消费者的注意力，本质上就是抢夺消费者的时间。因为人的时间是有限的，我们只有占住了人的时间，才能最大化地将他们的注意力吸引到我们身上，也才能实现后续的其他价值。

"流量为王"催生出了"内容为王"。

要抢夺消费者的时间，就必须依靠有吸引力的内容。流量战争打得越激烈，对优质内容的需求量就越大。优质内容变成了真正意义上的稀缺资源，成为可以让我们在市场竞争中立于不败之地的核心竞争力。

除了抢夺消费者时间，近几年比较热门的"消费升级"这一概念，也与内容息息相关。消费升级包含的层面非常广泛，但是最容易实现的就是内容产品。在文化领域有一句话："让人民群众喜闻乐见的文化才是优秀的文化。"好的内容，是人们的期盼，也是实现市场价值、促进消费升级最便捷的条件。

我们都知道，在新时代下，人们的物质生活已经得到了很大程度的满足。按照马斯洛需求层次理论，人们在物质生活得到满足之后一定会有更高层次的精神需求。而内容作为附加在产品或服务之上的一种文化价值，正在逐渐成为现代人生活中必不可少的精神食粮，内容也成了消费者的硬性需求。

对于大的平台而言，抢夺用户流量，拼的也是各自的内容。这也意味着所有渠道都会依附在好内容的身边，形成"集富效应"。

在这个"内容为王"时代中的消费者拥有快速的反馈和传播渠道，内容的好坏会被迅速验证出来，所以内容的质量是决定成败的关键。

与其说是"内容为王"，不如说是"优质内容为王"。

互联网时代，内容创作的门槛很低，每个人都可以成为内容输出者，图文、短视频的数量成千上万，基数十分庞大。但是真正优质的内容却屈指可数，内容行业的整体水平也偏低。

这对于我们而言，还有大把的机会可以抓住。只要创作出优质内容、提升我们的内涵，就一定能够在市场中占据优势地位。

那么，要提升我们的内涵、做出优质内容，应该怎么做呢？

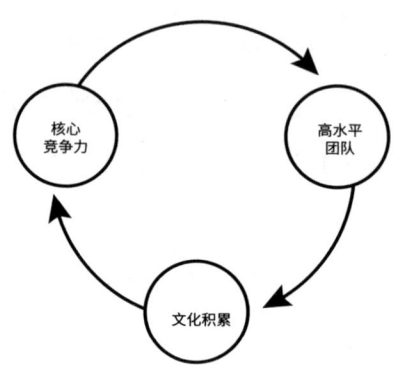

图9-2 核心优势

第一，要提升自己的综合文化素养。特别是要做好自己专业领域知识的积累，深耕自己的本行业，从一个纯粹的"卖货者"变成别人眼中值得信赖的"分享者"。

第二，要组建一个高水平的团队。在决定我们要做的内容时，一定要尊重专业，秉承"专业的人做专业的事"这样的态度，在选题策划、编写、制作、投放这些环节找到专业的人参与。如果暂时没有培养团队的条件，也要多多向专业人士请教，逐渐让内容呈现变得更加精良。

第三，要找到自己的核心竞争力，树立自己的风格。如果现有的资源、资金不足以"大干一场",我们就一定要学会找到跟别人的差异,多看同类优质内容输出,然后找到适合自己的风格赛道。千万不要去模仿别人,因为同质化的内容最终一定是没有价值的。

第 10 章

游戏力营销产品设计：让你的产品玩起来

通路：人与产品的情感联系

人是活的，情感丰富；产品本身是物质，冷冰冰的，没有特殊情感。那人与产品之间存在沟通的可能吗？

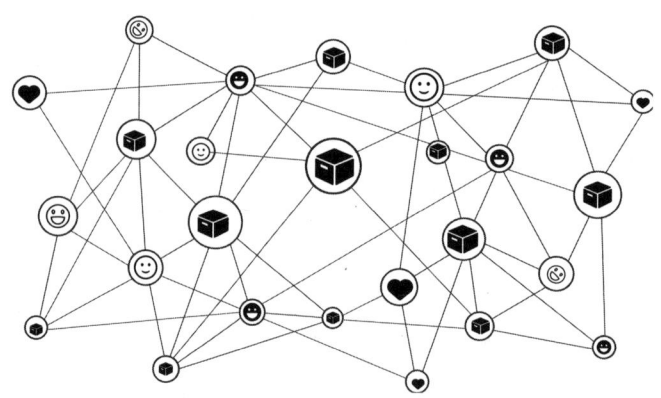

图10-1 情感联结

这在过往年代，答案是否定的。"人购买产品"到"人使用产品"基本上就结束了，人不能评价产品（或者说人即使评价了产品，也无法传到商家的耳朵里），也不能决定产品的生产。

但是现在，这一切都已经被打破：人除了可以购买、使用产品，还能够评价产品的好坏，人的评价还会被互联网平台展示出来供别人参考。现如今，人还可以参与产品的生产和设计，甚至参与产品和服务的各个环节。

在互联网环境中，一切都变得更加透明。

比如我们熟悉的淘宝、拼多多等电商平台，当我们去挑选某一件商品时，会有意识地打开评价区，看看已经买过的人发出来的"买家秀"是什么样子，然后决定自己买不买这件商品；比如小红书、大众点评等分享型平台，我们打开它们主要是为了看看别人的评价和分享，然后去寻找"同款"下单；比如我们熟知的美妆新锐品牌花西子，建立了"花瓣群"，推出新品时会第一时间选定试用者，免费寄出产品让消费者使用，然后得到反馈、改进产品，也提前宣传了产品。

这些都是消费者逐渐参与到产品和服务中的实例，这些人与产品的连接时刻围绕在我们的身边，让我们清晰地知道——人与产品实现连接的时代来临了！

在这样的时代，该怎么打通市场通路，让产品和别人的情感实现深度连接呢？

人都有七情六欲，拥有视觉、嗅觉、味觉等感官，这些都能调动人的情感。就像现在很多人更喜欢购买外包装漂亮、精致的产品一样，这就是人的某种情感体现。

漂亮，能让人愉悦、赏心悦目，所以也成了消费者的一个购买理由。我们必须打通调动人情感的通路，才能让我们的产品和服务被别人认可。

怎么打通这个通路呢？

方法有很多，但是对于中小微企业和实体门店而言，我们要找的不是那些耳熟能详的通用方法，而是"在省钱的同时能够达到效果"的方法。

具体是什么方法呢？

首先是建立社群，其次是换一个漂亮的外包装。

社群对于我们而言有什么作用？可以说，社群是连接产品与人的最好的一条通路。

因为在群里，我们不仅可以销售产品或服务，还能实现产品或服务正式上市之前的预售，也能收到消费者最真实的反馈，得到消费者最直观的评价。

评价对于我们的产品或服务而言，有什么作用？

消费者的评价，对于我们的产品或服务能否立于市场，起到了决定性的作用。

根据消费者的评价反馈，可以知道我们的产品或服务在市场上的认可度和接受度，判定是不是大多数人都喜欢我们的产品或服务，从而更好地做出策略性的调整。

所以建立一个或多个沟通良好的社群，对于我们而言至关重要。

关于第二种方法"换一个漂亮的外包装"，我们又该怎么理解呢？往深处理解，是找到产品或服务的品牌价值；往浅处理解，就是将我们现有的包装体系进行升级。

假如我们是卖土豆的，就可以去超市转一转，看看哪一类土豆卖得比较贵、比较好，也可以去淘宝上搜索一下，看看哪一类产品比较受消费者的欢迎，然后对标一下自己的产品或服务，就会发现我们自己的土豆，真的很"土"。

哪怕是一颗小小的土豆，想要卖得好，也一定要有属于自己的独特风格，这样才能吸引到"三观"相同的消费者。

比如我知道有一款薯片叫"坚强的土豆"，一听名字是不是就很有趣？这颗土豆很坚强，比一般薯片要坚强。这个时候，消费者吃的可能不是薯片的口感，而是薯片带给我们的心灵慰藉。这时候的薯片也不单单是一款零食，还成了自我鼓励或者安慰别人的一种精神寄托。

江小白的文案瓶也是一样。人们在日常生活中，有很多想说却又不敢说出来的话，通过一个瓶子去代替人传递情感，实现了白酒领域的逆势突围。

一个漂亮的包装，不仅要有精美的设计和制作，还应该能触发他人的情感。

所以，让产品或服务本身代替我们的企业，自动与他人建立情感联系，就能打通市场通路，实现逆势增长。

替代：让产品或服务代替你说话

作为中小微企业或是实体门店，我们是不是真的清楚自己生产的产品或提供给别人的服务到底是什么？

看到这里，有人可能会说："这不是废话嘛，我们的产品或服务自己会不清楚？"

还真的有绝大多数人是不清楚的。

前文提到了"消费者认知"一词,当我们进入市场时,消费者对我们是一个什么印象,很重要。

比如我们提到华为,第一时间就会想到国产手机;提到吉利,就会想到国产汽车;提到美的,就会想到电器。这些就是消费者的第一认知。

如何让产品或服务代替你走到消费者中间,代替你"说话"呢?有两个基本方法:第一是做活动,第二是做投放。

比如我们曾做过关于"葫芦泡"的系列活动,实际上就是在让产品代替我们"说话"。

儿童"奇趣蛋",会玩的产品

可能很多家里有小孩的人都知道"奇趣蛋"这样一个神奇的商品,几乎没有小孩能拒绝"奇趣蛋"的诱惑。

我们都知道,产品本身是不会说话的,也不是动态的,是人赋予了它某项情感或者动态,才让产品变得更有价值。

对于儿童来说,"奇趣蛋"就是这样一种存在。

一个"奇趣蛋"里面,不但会有巧克力豆一类的小零食,还会有一些积木、公仔等小玩具,对于孩子而言,是吃和游戏兼顾的一款产品。

他们可以拿着随机开出来的小玩具,跟别的小朋友一起做游戏。孩子本身的好奇心是很重的,每一个"奇趣蛋"能够开出来的小玩具也是不一样的,且蛋形的外观也牢牢地吸引了孩子的眼球。

这款产品在孩子眼里，已经不再是一个冷冰冰的产品，而是可以满足好奇心的一个场景。

这个场景的塑造，让很多孩子对它产生了购买的兴趣。

这就是让产品代替我们"说话"的典型案例。在这个场景中，"奇趣蛋"不再是一种单纯的食物，而是变成了一个可以娱乐的玩具。

这样打造出来的产品本身就带有游戏属性，可以与消费者产生足够的互动，让我们的营销变得更加轻松。

在说到"让产品代替我们说话"这个核心观念的时候，就不得不提及"消费场景"这个词。任何想让产品代替我们说话的活动，都是需要一定的场景的。

奥利奥饼干的营销广告我们都不陌生。它既没有刻意强调这个饼干有多好吃，也没有强调这个饼干的其他属性，而是首先塑造了消费者吃饼干的场景。不管我们买不买，我们都有可能为这样的场景而心动。

当然，奥利奥本身在电视上投放广告，费用一定也不菲。这对于绝大多数中小微企业而言是做不到的。

我们可能无法去设计这样的"让产品代替我们说话"的活动，但我们可以参考"葫芦泡"的活动。一只灯泡，到底可以被玩出多少创意？也许我们谁也无法预料到。我们也可以参考"奇趣蛋"的做法，将产品进行创意融合，也许未来还能产生出更多创意。

比如我们打造的酒城场景，红酒本身已经不单单是一款酒那么简单了，而是变成了朋友相聚的一种媒介，通过这个媒介我们塑造了"酒和故事"的消费场景，让更多人参与了进来。

再如实体门店推出的"真人飞行棋""幸运转盘游戏""徒手抓硬币""徒手抓鸡蛋"等活动，都是为了让消费者可以更多地感知消费场景。

当然，任何事情都不是单一的。就像我前面说过的，营销本身是一个系统，就像这本书一样，我既希望每一个章节互相独立，讲清楚营销背后的逻辑；又希望整本书是一个系统，读者在每一章里汲取一些知识，最后用思维导图形成一个完整的系统，形成真正意义上的游戏力营销和私域流量运营的内容。每个人汲取的点不一样，但我希望，每一位读者都能有所收获。

感知：给你的产品或服务赋予一个特定感情认知

我们的产品或服务能够赋予消费者什么样的感知？如何才能让消费者迅速爱上我们的产品或服务？

再来回顾一下奥利奥的案例。一听到奥利奥这个品牌，我们的脑海里立刻就会涌现出一个生动的画面——"扭一扭、舔一舔、泡一泡"。这个营销画面已经在消费者心中形成了固定认知，让我们久久不能忘掉。

奥利奥赋予饼干的新认知

奥利奥是一个风靡全球的饼干品牌。作为拥有一百多年历史的老品牌，奥利奥在最初进入中国市场的时候，因为口感太甜，其实并不是很受欢迎。后来为了进军中国市场，奥利奥硬是将自己的产品调整成了适合中国人口味的样子——个头儿更小，甜度更低。

在营销界，奥利奥一直被推崇，当然不仅是因为顺应市场的口味，还因为广告创意。

之前，奥利奥推出了定制音乐盒，上线仅12小时，2万个音乐盒就全部售罄，成功掀起一波在社交网络上"晒"音乐盒的风潮，在营销界一战成名。

奥利奥还做了很多跨界尝试：联合支付宝做AR"黑科技"小游戏；与故宫博物院等大型IP结合，用饼干建"故宫"；携手周杰伦用5万块奥利奥饼干搭建怀旧艺术展，为消费者上演了一把"回忆杀"……大有"万物皆可奥利奥"的架势。

奥利奥赋予消费者的认知就是有趣。这块小小的饼干，从"扭一扭、舔一舔、泡一泡"到今天的"万物皆可奥利奥"的趣味组合，已经深深地植入了消费者的脑子里，变成了消费者对它的特定认知，这就是奥利奥真正成功的地方。

像奥利奥一样拥有创意的营销案例比比皆是，这些小产品无一例外，都是因为被赋予了某项特定的认知，而被消费者广泛接受。

所以我们也可以想一想：我们能够赋予产品或服务什么认知？这个认知是不是更容易被消费者接受？

让消费者感受到你的个性，看到你与众不同的地方，然后认可你的个性和与众不同，这就是你的产品或服务赋予消费者的特定感情认知。

简单来说，这个特定的感情认知就是消费者感知。

要塑造别具一格的消费者感知并不困难。

比如可以挖掘掌舵人身上的某种特性。比如我们中小微企业家、创始人，给别人展示的正面形象是什么样子的，就可以对标进行设计。而对于实体门店，我们也可以根据店主的形象进行对标设计。

当然，很多实体门店店主可能会说："我们这个店主要是卖东西的，又不生产产品，产品和服务环节跟我们有什么关系？"

注意，实体门店的产品和服务实际上指的不是某一款产品或某一项服务，而是你的整个店铺。也就是说，经营实体门店，要经营的是你的店铺。

所以作为实体门店，我们的店铺做什么样的活动、以什么样的形象出现在消费者面前，仍然是我们自己说了算的。

对于找寻产品或服务的感知形象，最容易的就是从掌舵人身上入手，这样做出来的设计也是最贴近我们自己的。

给予消费者感知，第一个关键点是掌舵人，第二个关键点是模仿。

模仿你想要对标的产品或服务，看看别人的外在形象和内在文化是如何设计的，与消费者是如何互动的，然后去尝试找到我们和对标对象的相同点和不同点，进行融合设计，变成我们独特的风格。

注意，一定不要去抄袭！

这里的模仿指的是"模仿创新"。

我们能够赋予产品或服务什么样的认知，决定了我们能够吸引到哪一类消费者，更加决定了我们的市场空间。

当我们能够通过产品或服务调动消费者特定的感知时，我们离成功也就近在咫尺了！

第二篇

私域流量：把你的用户"黏"起来

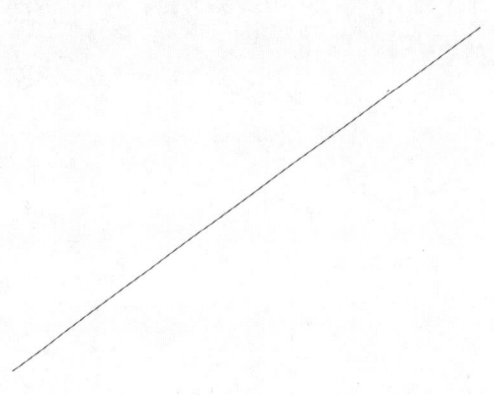

第 11 章

流量互通：如何实现公域流量与私域流量的互通

公域流量 VS 私域流量

在说到公域流量和私域流量之前，不得不先说一下什么是流量。

简单理解，流量就是用户、粉丝量，更贴切地说，应该是活跃用户数、活跃粉丝量，只有那些活跃的才能流动起来，形成一股力量，也才能被称为流量。

公域流量和私域流量的区别其实我们在开篇已经讲过。

通俗地讲，公域流量就像是大海、大江、大河里的水，量很大，是属于大家公有的；而私域流量更像是蓄水池里的水，量很小，是属于我们私有的。

公域流量可以说是人人都能"取一瓢饮"，私域流量却只供我们自己享用。

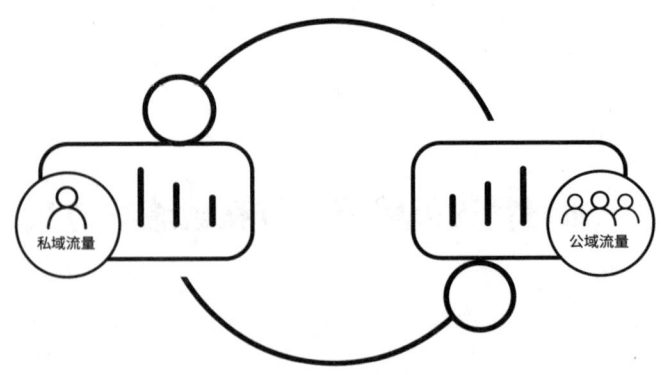

图11-1 公域流量与私域流量

在这一节的标题里,我用了"VS"这个词,这说明公域流量和私域流量这两个概念是绝对对立或者互相竞争的吗?

从人与人之间交往的经验来看,如果一个人说话太绝对,那最后一定会被"打脸"。所以为了避免最后被"打脸",我所说的"VS"一词,绝对不代表公域流量和私域流量是"二选一"或是"相互竞争"的状态,也不代表它们是对立的。

相反,公域流量和私域流量在很多实际操作中,是一种相互促进、互为补充的状态。

我们知道,公域流量就是"所有商家共享的流量"。

以时下热门的抖音平台为例。公域流量就是抖音平台上的用户,消费者在抖音推荐的商家店铺里没有找到自己需要的产品,就可以直接往下拉,去看相似的店铺和商品。对于商家、店铺而言,公域流量池里的流量是没有忠诚度的,是平台上所有商家共享的。

假如我们就是抖音平台上的商铺,我们的店铺被消费者浏览过了,那么对于我们而言,这种流量并不属于我们,而属于抖音平台。

要想让消费者注意到我们,就必须想尽办法去争夺平台上的流量。我们一旦拥有了私域流量,这些流量一般就不会再被其他商家争夺走,也就是说这些流量和其他商家没有多大的关系。当我们拥有私域流量池的时候,我们要发布某一款产品或者提供某一项服务,就能直接把这些消息告知我们的消费者,达到直接沟通的目的。

这样看来,比起公域流量的宏大,做好私域流量池似乎才是我们最终想要的结果。但其实不然,我们需要用公域流量持续给私域流量进行引流,否则私域流量池会越来越小,甚至干涸。

公域流量的运营主要为了体现我们的规模、官方形象等;私域流量的运营则更加精细化,更加关注利润和口碑等。

公域流量比一般私域流量要大,所以公域流量里往往要设计好引流的场景,这个时候我们就要效仿以前的批发模式——倡导薄利多销。但是一旦进入私域流量领域,消费者基数就变小了。此时消费者已经对我们产生了一定的信任基础,我们就要做好精细化的服务和产品推荐。这个时候,产品和服务的销量会比在公域流量池中小一些,我们就要更加倾向利润或口碑营销。

公域流量池里的消费者和我们可能仅有"一面之缘",而私域流量池里的消费者可能已经是我们的"铁粉"了。

所以公域流量平台主要做商业"增量",而私域流量池主要做商业"质量",二者相辅相成。

在今天,对于已经做好"增量"的大品牌而言,私域流量逐渐成为一个全新的赛道,各大品牌纷纷开始布局。

比如我们熟知的美的、瑞幸、特仑苏等品牌,都在做私域流量的沉淀。

近几年涌现出的市场新宠，几乎都归功于私域流量池的推动和打造。

比如我们熟知的花西子，"花瓣群"就是这个品牌的私域流量池。再如新锐茶品牌一念草木中，背后已经至少沉淀了30万人的私域用户。这个品牌2021年才成立，比花西子成立时间更晚，短短一年时间，已经成为茶品牌界的一匹黑马。

虽然公域流量大部分是"可望不可即"的，但是为了私域流量的持续和更新，我们也要花时间和精力获取。当下也有很多工具可以配合我们以较低成本获取公域流量，而私域流量的价值和广阔空间确实给新实体人带来很大的机会。也就是说，对于私域流量而言，我们的时代才刚刚开始！

打造属于自己的私域流量池

私域流量有一个很明显的特征：多次触达，反复使用。

在公域流量中，如果用户不关注我们的账号，极有可能再也不会看到我们的内容。

但是在私域流量池里，用户是我们的粉丝、会员、群成员，他们会更加关注我们的动态，能够多次被触达，也能被反复进行转化。

私域流量的核心实际上就是社交属性。

如果它具有强烈的社交属性，那么它一定也是围绕社交属性较强的平台而产生的，这也就是为什么很多人认为私域流量实际上就是腾讯生态——社交属性的确更强烈地体现在微信社群中。

在私域流量池里，我们每个人都具有一定的社交属性，这种属性体现在日常互动、分享等行为里面。

我们都习惯于使用微信与亲人、朋友，甚至客户建立联系。在微信中，我们可以发语音、发文字、分享图片视频，还能直接与他人视频——这些都是在打造私域流量池的过程中建立高效沟通的工具。

除了这些基本功能，还有两个重要的功能值得我们去探索——朋友圈和视频号。

"私域流量"一词再次成为热词也意味着"流量为王时代"的流量红利逐渐走到了尽头。大、中、小型企业都或多或少地面临着业绩增长的考验。但是，这也向我们释放出了一个信号：未来私域流量领域大有可为。

毕竟对于任何企业或者个体户乃至个人而言，能够掌握"私域思维"，就能促进用户联结、增加粉丝忠诚度，还能直接促进产品或服务销量的快速提升。

私域流量的核心是什么？

是用户关系。

提到用户关系，我们不得不提起前面说到的微信群、朋友圈、视频号。这三者是我们建立用户关系、发展用户关系、维护用户关系必不可少的重要工具。

我们的朋友圈、视频号，要变成一个很"懂"用户的"人"，而不是简单地发发广告，像是没有温度的机器，最终招致别人的反感而被屏蔽。

通过朋友圈、视频号吸引别人的关注，然后建立微信群，就可以将用户沉淀成为能够随时联系、随时分享的私域流量。

其实在"用户关系"一词里，已经给出了"私域流量池如何打造"的答案——游戏力营销和私域流量本质上都是为了建立、发展以及维护好用户关系，但是前者只负责用户群的建立和发展，后者更侧重用户的维护。

所以，最好的方法就是通过游戏力营销将用户关系沉淀下来，然后通过社群的工具建立起属于我们自己的私域流量池，这就是一条最好的通路。

互通：打通你的公私脉络

图11-2 流量转化

如果把公域流量比喻为大海，把私域流量比喻为蓄水池，那怎样才能把大海里的水引入家门口的蓄水池呢？

看起来蓄水池似乎距离大海有十万八千里，很难实现引水。

无论是公域流量还是私域流量，在当下都具有以下四种特点：第一，呈现形式丰富多样；第二，碎片化，需要从多种渠道获得；第三，实体企业的私域流量成为未来十年最珍贵的企业资产；第四，亟须变成可搜索、可社交、可交易的BAT（数字交易）形式。

事实证明，公域流量的吸引只是过渡，最终还是要下沉到私域流量运营。公域流量看似是空前的机会，其实可能很快就成为大家习以为常的信息。机会看似比以前更多了，但是给我们的时间却更少了。

公域流量体系再怎么庞大，如果不花钱购买，能到中小微企业手中的也是有限的。所以对于中小微企业而言，打通公私脉络显得尤为重要。

对于普通的中小微企业、实体门店而言，最难的其实还不是挖水渠（建渠道），而是吸引公域流量池里的流量。只有公域流量池里的流量先被我们吸引，才有可能通过渠道被引入我们的私域流量池里。

公域流量池里的流量都还没有吸引到，还谈什么建立私域流量池呢？

所以，打通公私脉络的第一条路径就是吸引流量本身的注意力。

公域流量池里的流量就是那些用户，平台的用户也就是我们的潜在消费者，我们必须先引起潜在消费者的注意。

如何才能吸引他们的注意力呢？

很简单，态度。

我们的品牌、产品、团队向这个世界传递了一种什么样的态度，很重要。这种态度也就是我们立于市场的核心价值观。

比如"小白心里软，只做无添加"就是小白心里软这个品牌的核心价值观。这种态度能让消费者自主判断：这是一个什么类型的产品？这个产品有什么样的价值观？这种态度有没有打动我？

通过核心价值观和外观引起消费者的注意以后，就必须快速建立起一个沉淀的渠道，也就是要让别人对我们产生兴趣以后，能够"有地方可以去"。

最低成本的沉淀地点是社群，微信建立社群是免费的，每一个账号可以建立很多个社群。当然，如果要真正运营，可以用企业微信来对社群进行集中管理。

其次是建立起属于我们自己的小程序，通过小程序也能将用户沉淀到私域流量池里。

但是如果团队人手充足，我更建议同时采用两者。小程序支持打造线上商城、生成用户分享海报等，促进用户购买和分享；社群可以让我们经常与用户"面对面"沟通，增强品牌与用户之间的黏性。

沉淀到小程序、社群等载体以后，我们不能放任流量不管，否则很容易造成用户流失。

我们之所以在互联网环境中把用户称为流量，在很大程度上就是因为互联网用户缺乏忠诚度，很容易流失。

我们能通过各种方式把他们引进来，别人也一样能把他们引出去。所以我们必须不断推陈出新、足够用心，才能引进新用户以及留住老用户。

互联网时代的流量容易流失，但是我们也不必太过悲观，因为这其实也从侧面说明这个时代是公平的，只有我们愿意付出，才能有收获，而那些不愿意付出的人，终将被时代淘汰。

第 12 章

群与社群：构建私域流量阵地

你经营的是群还是社群？

很多时候我们会陷入一个误区：我建立了一个微信群，那我肯定就已经拥有了社群。

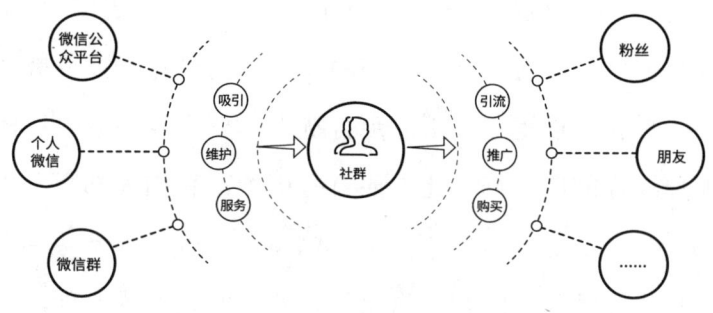

图12-1 社群营销

首先要明确一点：微信群不等同于社群。

如果将微信群比作恋爱，那社群就相当于婚姻。

恋爱是一个相互了解、相互适应的过程，没有明确的目的，只要两个人在一起开心就可以了。我们人生中可能会经历很多段恋爱，也就是我们可能同时建立很多种类别、包含各类人群的微信群。

而婚姻则有着相对更明确的目的，比如为了让生活更好而奋斗、为了让孩子更好地成长而保持和谐、为了更好地赡养老人而努力工作等，都有某些具体目的。当然，好的婚姻也能让人开心快乐，但是不能否认婚姻中仍然有维持平衡的目的性，比起恋爱，多了一些社会性。

微信群就像是谈恋爱，可以多多尝试；而真正的社群运营就像是经营婚姻，必须专注。

所以说，并不是所有的微信群都是社群，微信群只是社群的一种表现形式。

社群的表现形式也不只有微信群一种，线下的会员活动也是一种社群。

实际上，我们手机里的微信群现在已经多到数不清了。各种类型的家族群、亲友群、广告群……我们的注意力已经完全被分散了，大多数的群要么被我们设置了"消息免打扰"，要么我们会很快地退出。尤其是那种纯粹的广告群，让人还有些厌烦，我们大都毫不犹豫地果断退出。

真正的社群就像是婚姻，除一开始就有明确的目的外，更多的还需要我们花费心思去经营它。

所以，能被我们花费心思去经营的，才是真正的社群。

当然，不是所有伴侣踏入婚姻殿堂后都能成功携手走到生命的尽头，社群也一样。

我们可能在经营微信群的过程中也花费了很多心思，但最后还是不能把这个群真正变成社群。就像我们是奔着结婚去跟别人谈恋爱，但最终那个人还是没能和我们共同走进婚姻殿堂一样。有可能我们真的是"遇人不淑"，或者真的"不合适"。

在选择认真经营之前，我们首先要会识别，确定好我们的群究竟是单纯的微信群还是社群。

就像相亲之前，我们必须详细地了解对方一样。

先要了解我们的群成员，确定即将进群的成员们的工作结构、收入结构、家庭结构、社会角色、家庭角色分别是什么，如果足够认真，我们还可以建立一个群成员资料卡，就像下图一样。

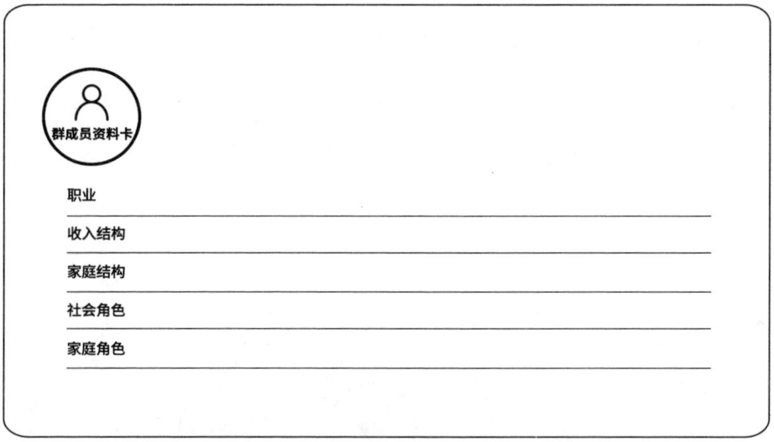

图12-2 群成员资料卡片

足够了解我们的群成员，是决定我们的群是单纯的微信群还是社群的关键。

了解群成员以后，还必须明确目的，也就是为什么要建立这个群。

建立家长群是为了方便老师与家长的沟通,建立亲友群是为了拉近亲友之间的距离,建立品牌群是为了更好地促进品牌传播。为了什么而建立社群,决定了社群的最终发展方向。

明确建群目的以后,再对应地去设计社群规则、社群主页、社群活动等。

具体怎么做呢?且往下接着看。

建群的初衷决定社群的价值

我们手机里的群越来越多,但是我们会发现很多群都慢慢成了"死群",最终成为垃圾广告群或者直接被解散。

究其原因,是建群者没有明确建群的目的。很多群都是因为一时兴起而建立的,没有目标,没有规划。

被拉进群的人也是形形色色,这些人进群也各有各的目的,层次很难统一,也很难找到共同话题。

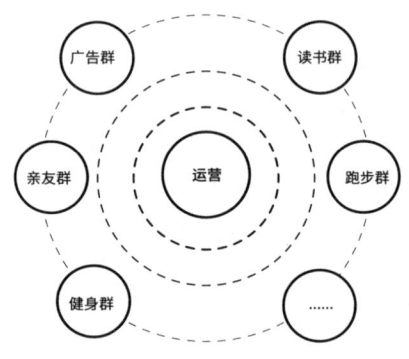

图12-3 社群运营

对于群而言，这种群成员并没有什么价值；对于群成员而言，群也没有价值，大家都不是因为同一个目的才聚集在一起的，很难达成共识。

就像两个人明明要开始谈恋爱了，但是各自心里还想着另一个人，那这两个人注定是无法走到一起的。

简单来说，社群需要一群"志同道合"的人来共同建立。

建群者想要达到一个固定的目的，进群者刚好因为这个目的而来——这是社群最理想的一种状态。

社群不是群主一个人的，也不是建群的那个团队的，而是所有群成员共有的，这一点我们都要明确。

当然，如果我们是建群者，那我们一定要占据主导地位，可以适当围绕一些话题去引导群成员关注我们，而不是一味地做一些硬广告，令人厌烦。

对于中小微企业而言，我们必须明白，不管我们是因为品牌宣传还是售后服务而建群，归根结底最重要的一个目的就是实现销售。

品牌宣传、新品宣传等社群是为了实现首次销售；售后服务、沟通联系等社群是为了实现复购，也就是二次、三次乃至多次销售。

但是要在五花八门的社群中脱颖而出，变成用户"置顶"的社群，实现群内销售，还有很长的路要走。

作为建群者，我们还必须想一想如何把我们的目的变成用户的目的，这样才能吸引他们加入。

社群就像是一个社区一样，里面有形形色色的人，这些人都是我们的"网上邻居"。我们选择什么样的人做我们的邻居，就会建立一个什么样的群，并且要跟他们处理好"邻里关系"。

有一点必须警惕，即我们的初衷一定不能是欺骗——产品本身质量必须要好，值得别人关注、购买，而我们仅仅是好产品、好服务的分享者。这是一切的前提！

要建立一个什么样的群？要把哪些人聚在一起？我们要为哪些人带来好的产品和服务？这就是我们的初衷，取决于我们自己的行业和兴趣。

举个例子，假如你是一个做母婴产品的，那么你要建立的群，可能是宝妈群、宝爸群，因为宝妈、宝爸是你的准客户；假如你是一个开书店的，那么你要建立的群，可能是一个读书群，因为爱读书的人是你的准客户；假如你是一个卖茶叶的，那么你要建立的群，可能是品茶群，因为爱喝茶的人是你的准客户……

不知道你有没有注意到一个词——准客户。

也就是说，我们建群的初衷一定围绕着准客户。

因为我们的最终目的是实现群内销售，所以我们首先要建立的，一定是准客户群。准客户，决定了社群的性质。

所以，建群的初衷到底是什么？我们可以好好地问一问自己。

塑造四大价值，让客户主动进群

弄清楚为什么建群以后，也别光想着迫不及待地赶紧建群，还要再想想：客户为什么要进群？

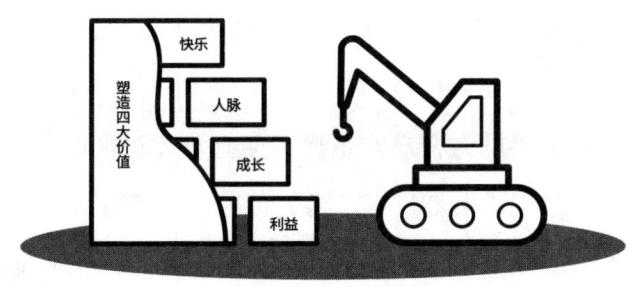

图12-4 塑造四大价值

我们可以尝试换个角度去思考——在市场环境中，其实每个人都是客户。

那现在想想：我们为什么要加入某个微信群？我们为什么不屏蔽某个微信群？我们为什么经常关注某个微信群的消息？我们为什么会拉好友加入某个微信群？我们为什么把某个微信群置顶或保存到通讯录？我们为什么舍不得退出某个微信群？

带着问题，再来看看我们手机里的微信群，是不是尽管手机里有那么多群，但是我们真正关注的群其实只有寥寥几个而已。

所以转换成用户思维，我们会发现，想要真正地突破社群运营壁垒，最大的屏障就是"客户为什么要进群"。

只有突破了这个屏障，我们才能真正开始进行社群运营。也就是说只有我们先满足了客户需求，客户才能实现我们的想法。

在思考客户为什么要进群的时候，我们还很容易陷入一个误区：客户都是因为想买便宜货才进群。

这个误区，首先对于我们而言，就不是一个良好的开端。我们可能会陷入"价格战"的死局中不能自拔，而客户也会因为持续的"价格战"而退缩，甚至对我们的品牌和产品产生错误的认知。最终一拍两散，谁也讨不到好。

所以，千万不要以为客户都是想买便宜货才进群的。

在如今这个时代，不是只有"物美价廉"才能吸引客户。我们要更多关注客户本身的需求，只有真正触达了客户本身的实际需求，我们才能真正被客户认同。

由于个体的差异性，客户进群的具体目的往往五花八门。我们也没有必要清楚地了解每一个客户的个体需求，如果要逐一关注个性化需求，那我们只会把自己累趴下。

但是，我们如果能实现下面这八个字的内容，客户一定会对我们的社群产生足够的依赖感，赶都赶不走。

听起来很神奇，这八个字说起来也简单，那就是：快乐、人脉、成长、利益。

怎么理解？

也就是说，我们不必管客户进群的具体目的，只需要知道客户的目的始终都离不开这八个字就可以了。

有的人进群是为了找到志同道合的朋友——获取快乐；有的人进群是为了社交——交到好的朋友，获取人脉；有的人进群是为了学习新的知识——得到成长提升；有的人进群是为了买到好东西、获得优惠——获得利益。

这八个字其实才是客户最原始、最根本的进群目的。

所以，我们在建立一个社群的时候，可以围绕这四种目的去思考——我们的社群能给客户带来的是快乐还是人脉、成长、利益？

这样转换一下，我们心中就已经对自己的社群定位有了清楚的认知。满足了客户的需求，来的客户一定就是我们想要的那一类人。这群人志同道合、齐心协力，一定能给我们带来意想不到的收获。

把这四种给客户带去的价值塑造好了，客户也许还能给我们带来新的客户。在朋友圈这个庞大的体系中，每个人都是一个中心点，都能形成辐射。

只要他们获得了四大价值中的一种，他们就有可能主动为我们分享、推广，形成一个庞大的粉丝体系。这个粉丝体系组合起来，最终就会沉淀为我们的私域流量池。

所以，不要小看一个小小的举动，也许就是这样一个小小的举动，能够让我们最终在激烈的市场竞争中获得一席之地。

以小博大，对于我们而言，为什么不尝试一下呢？

第 13 章
设计玩法：把你的私域流量"黏"起来

社群黏合剂——会玩你就能行

建立好社群以后，我们应该怎样增强社群的黏性？

让群成员快乐、帮助群成员结交人脉、帮助群成员获得成长、给群成员带去实惠的利益，这些都是目的。

但是要给群成员带去快乐、人脉、成长、利益的具体方法是什么呢？我认为只有一个字——玩。

带着你的群成员玩起来，只有玩起来，才能消除群成员之间的陌生感、紧张感，从而让群成员敞开心扉，愿意积极响应我们的活动。

图13-1 朋友圈

通过这一系列的打造，我们已经完成了黏合的第一步，让客户对我们产生了信赖。

下一步，我们还要和客户成为朋友。朋友之间，一定是会经常相互问候、相互关心、相互倾诉的。

那么，如果我们把客户当朋友，就一定要经常告诉我们的客户："我很想念你。"

通过什么样的举动让客户知道我们很挂念他呢？

在社交软件上，经常给他点赞、评论、转发。这些举动会让客户感觉我们随时都在关注他，从而也会让他格外关注我们。

除了线上的关注，组织线下的定期活动也非常重要。我们要创造场景和机会，让群成员之间互相认识。

群成员如果能够通过参与线下活动熟悉起来，那回到线上，一定能够使气氛更加热烈。

黏合的第二步，就是熟悉。

建立社群以后，很多人都会为每天该在群内发些什么内容而头疼。我们可以尝试固定几个每天发送的内容板块，例如早上发问候语、早间新闻；中午发搞笑段子，进行晒午餐等小互动；晚上做小分享，发送晚安语等。

表13-1 社群内容板块示例

时间	内容
7:00—9:00	早上正能量问候、热点新闻、社群打卡
9:00—11:00	晚间活动通知、每日一问
12:00—13:00	午间搞笑段子、小互动、晒午餐等
16:00—17:00	晚间活动通知、互动游戏
19:00—21:00	学习分享、互动话题、新产品介绍、晚安语等

固定的内容可以让群成员产生记忆,让彼此更加熟悉,产生依赖感。

经常在群里玩游戏可以有效提升社群活跃度,拉近群成员之间的感情,进而让群成员有归属感。在此给大家推荐几款常用的小游戏:

第一,猜一猜。既可以猜名称也可以猜价格,使用新的、奇特的物品作为对象比较适合。

第二,快问快答。可以选择有趣的问题,引导群成员回答。

第三,晒一晒。根据群成员特性,晒出对应的图片,例如减肥群可以晒减肥餐。

第四,福利秒杀。适合把具有超高性价比的产品作为对象,以送福利的形式在群内进行秒杀。

第五,地雷大作战。现在很多人每天沉浸在工作、学习和生活中,压力非常大而又不知道如何缓解。这个游戏就是单纯地从解压层面出发而设计的。参与者只需要支付1元或者免费报名即可入群,在群里大家什么都不需要说,只需要发炸弹这个微信表情就可以了。例如在2分钟内,看谁发的炸弹最多,奖励发送最多的群成员现金红包或者小奖品一

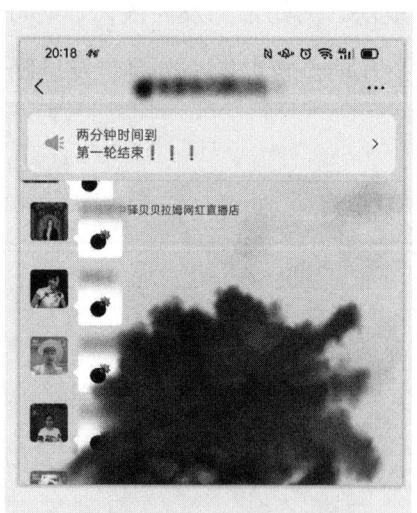

个。当群里满满都是炸弹炸开的特效,参与人的压力也会得到缓解。

第六,红包手气王。群主发红包给群成员抢,手气最佳的群成员可以获得某份礼物。

第七,掷骰子。用掷骰子工具在群里发起活动,掷骰子点数最高的群成员可以获得红包或者物品奖励。

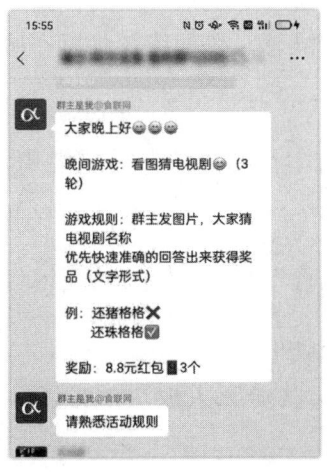 

第八，看图猜电视剧。群主发带有电视剧细节的图片，群成员根据图片猜对应电视剧的名称，第一个猜对的可以获得红包一个。

成交的前提是信任。我们的终极目的是要得到客户的人（即时间）、钱以及感情，这样我们的社群才算是一个真正成功的社群。

为了达到以上目的，我们必须用更多的玩法让他们活跃起来，从而开始关注社群的动向。

所以，在运营社群的过程中，我们一定要会玩才行。

社群"吸睛剂"——你有多隆重，我有多在意

我们常听到一句话：生活要有仪式感。

这个仪式感可能来源于在节日获得的一份礼物，爱人送的一束鲜花，亲朋好友的一个拥抱……总之，我们在生活的某个节点上，一定是需要某种仪式感的，这会让我们有一种受到重视的感觉。

正所谓"你有多隆重，我有多在意"。当我们的社群运营到一定阶段的时候，就需要给予社群成员一些新鲜感。我们应该如何"吸睛"，让客户"眼前一亮"呢？

我们应该都参与或听说过实体门店举行的开业典礼或者周年庆典，这其实也是仪式感的一种。对于线下实体门店而言，我们的开业典礼、周年庆典等系列活动其实就是一种"吸睛"方式，最大限度地告知周围的人：在这里，有一个卖某样东西的实体店铺。

我们要知道，社群运营的核心其实就是三大板块：拉新、留存和转化。

拉新需要"吸睛"，留存和转化同样也是。

人都是需要新鲜感的，一定要让客户一直对我们保持新鲜感。当然，要做到这一点并不容易。

对于线上的社群来说，我们一定要做好开群仪式，这也是一种"吸睛"的方式。通过这样的方式，让进群的人带有一种期盼、好奇的心理，提高社群的留存度。

一个好的社群运营，必须打造仪式感，而这种仪式感包含三大因素：第一，要有固定的开始、结束时间，仪式要有明确的风格和形式；第二，要有固定的活动周期，让群成员知道什么时间该做什么事情，并逐渐养成习惯；第三，要不断设计具有参与感的仪式。

在此推荐大家两个必须打造的仪式：进群欢迎仪式和生日祝福仪式。

不论是线上社群还是线下社群，当有新成员加入时，都应该享受到一个隆重的欢迎仪式，这会让群成员感受到你的用心和与众不同。

张阿姨奶茶店的隆重开群仪式

张阿姨奶茶店是一个实体店铺,但是通过社群的运营,她的群开始迅速活跃,收到了意想不到的效果。

我们发起了"吃货抽大奖庆开群"活动。在这个活动正式开始之前,我们准备了精美的海报和丰富的奖品,目的是让群成员感到受重视。

活动开始时,我们请店长亲自发放标明对应奖品的红包,抢到手气最佳者赠送对应的奖品。在这个过程中,店长亲自主持,赠送毛绒玩具、店内饮品、零食礼包等小礼品,让群成员享受到了被重视的感觉。

除了在这些方面让群成员感到受重视,还有一个关键点就是要突出"群成员的专属福利",让人感觉在群内是一件很幸运的事情。

我们设置了"限时3分钟9.9元秒杀""群内下单第二杯半价""群内下单可额外获得零食礼包一份"等群成员专属福利,让成员充分感受到我们对群的重视程度。

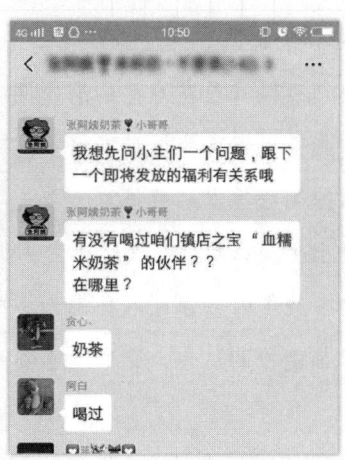

案例解析

群成员的生日祝福仪式

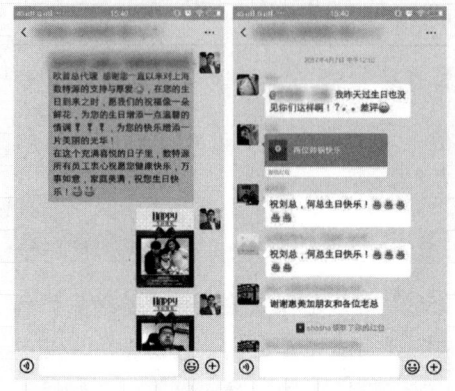

每个人都希望获得独一无二的关注。作为群的运营管理者，我们一定要充分重视人的个体价值。群成员生日祝福仪式就是体现重视的一种方式。

通过一场隆重的生日祝福仪式，可以迅速拉近群成员之间的距离，提升群成员的归属感。

在仪式正式开始前，我们可以用红包预热。这个时候发的红包不求数额大，只求数量多，这样才能达到"轰炸"的效果。

预热完成后，就可以请出我们的寿星了。我们可以在群内发出精心为群成员准备的一段生日祝福语，在生日祝福语中注明寿星的姓名并@这名群成员。

我们可以提前在寿星的朋友圈找一张个人照片（最好不要提前联系他，制造出惊喜的效果更好），制作一张精美的生日海报，在祝福语之后把海报也发到群里。

请出主角以后，可以迅速发一个备注为"祝××生日快乐"的红包。这个红包的金额可以稍微大一些，数量也要足够多，争取让群成员几乎都能抢到红包，让寿星感到受重视，也让其他成员有参与感。

> 发完红包以后，可以迅速引导其他群成员参与祝福。一般抢到红包的群成员都会自发地祝福，群内主持人也可以引导全员复制"祝××生日快乐"的祝福，达到祝福刷屏的效果。
>
> 祝福完以后，群内主持人可以引导寿星发表生日感言，让他进一步感受到自己被重视。

针对线下的新会员，在他们办完新会员卡后，我们可以采取一些特殊的方式，让他们感受到被重视。比如，我们可以整齐划一地喊一句"恭喜您成为我们第××名会员，今后您将享受××"并深深鞠一躬，让新会员感到"受宠若惊"，或者最直接地感受到作为会员的尊贵感。当然，这里只是举一个简单的例子，具体如何去做，需要根据我们自身的情况量身设计。

当我们足够隆重地去对待每一个群成员时，我们的群成员也一定有受到重视的感觉，从而更加珍惜我们这个有温度的社群。

当我们抱着"以心换心"的诚恳态度去跟每一个群成员相处时，一定也能收获他们的真心。

社群分享剂——帮人美丽，人帮传递

我常听到一些企业老板说："我们的消费者都不帮我们分享，该怎么办呢？"这听上去的确是个问题。

可是，这个问题本身就是错的。

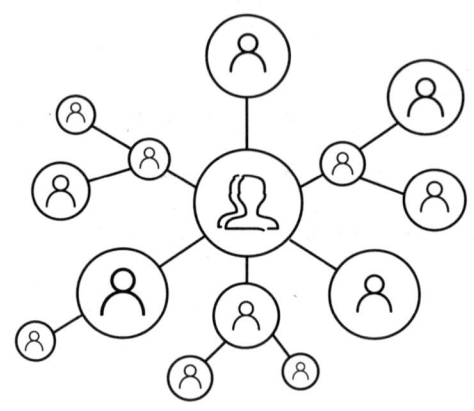

图13-2 社群分享

我们不妨换个角度想想：假如我是一个消费者，我为什么要把一个产品或者服务分享到我的朋友圈？这个产品或者服务有什么地方是值得我分享的？我分享这个产品或服务对我有什么好处？

消费者主动分享，是要通过分享的内容体现他的价值，成为别人目光的焦点。所以，你只有将发朋友圈的内容、文案甚至消费者的形象都准备好，他才有可能帮你分享。实际上很多时候不是消费者专门在帮我们做推广和宣传，而是透过我们的产品或服务分享他自己，其分享的核心一定都是围绕消费者本身的。

消费者在推荐我们的产品或者服务时，心理活动根本不是在推荐我们的产品或服务，讲的都是自己的故事。只是他在讲这个故事的过程中，提到了我们，推荐了我们。

所以，把产品和服务与消费者紧密地结合在一起，就是要给予消费者足够的"故事场景"，这样消费者才会愿意帮我们分享。

我们用一个逻辑来理解：帮人美丽，人帮传递。

比如办一场活动，想要消费者帮我们分享到朋友圈进行"打卡"，那这张照片上一定要有消费者本人，而且一定要拍得比较好看，否则消费者连最原始的分享动力都会消失。

这种分享，实际上是一种场景的"爆点"打造。

现在有很多网红打卡点，实际上就是在打造场景"爆点"。

在社交软件中，有一个功能对于"爆点"的打造非常关键，那就是红包。

为什么我们经常一看到红包，不管抢不抢都会不自觉地关注一下？首先是因为发出去的红包在界面上通常会有一个专门的提示，让人想不关注都难。其次是对于大多数人而言，抢到红包能够产生一种心理上的快感。

大多数人抢红包，并不是因为它的金额足够大，而是喜欢那种随机的快感，红包金额随机、红包数量有限、红包拆开之前很神秘、抢到红包有一种占便宜的感觉等，这些快感深深吸引着我们。

正因为红包对于很多人而言具有巨大的吸引力，所以红包成为社群里最好的广告位。

红包可以起到吸引注意力、宣传告知、打卡签到、激活社群、活动抽奖、产品宣传、节日祝福、测人数等多种作用。

对于红包的命名、封面设计、发放数量、发放金额、"运气王"海报等，我们都要重视起来。

"运气王"海报实际上就是一种"帮人美丽，人帮传递"的写照。我们可以设计一个固定的"运气王"模板，在进行红包雨活动的同时关注谁是"运气王"。当每一轮红包抢完，"运气王"产生时，我们可以将"运气王"的头像和昵称设计成一张海报。当"运气王"收到海报时，可能就会分享到朋友圈。

当然，具体做法还需要结合实际情况进行设计，"运气王"海报这种做法，仅供参考。

我们已经知道，社群的表现形式有很多种，不单单是指微信群。

线上社群的裂变通常有四种形式：一是让消费者转发到别的群或朋友圈；二是在转发朋友圈的基础上进行集赞；三是拉人进群可获得某种奖励；四是群成员达到一定数量发放某种奖励。

社群裂变的方式有很多，最有效的还是口碑传播。身处真正的优质社群，群成员会不由自主地帮你做推广。

比如之前讲过的"葫芦泡"案例中的"最美妈妈"西湖婚纱照活动，传播效果就非常好。

值得分享的，一定是能打动人心的场景。

我们希望别人帮我们分享的时候，也可以认真地想一想，我们有没有为别人精心拍摄一张属于他自己的漂亮照片。要知道，我们愿意发朋友圈，一定是因为那跟我们自己相关。

没有人愿意分享跟自己毫无关系的东西到自己的朋友圈，我们的每一次活动，都要把别人拍得好看，场景也要有格调，这样别人才会帮我们传递。也就是说，当我们用心地去"帮人美丽"的时候，别人才会帮我们传递。

第 14 章
裂变：私域流量池的变现之旅

不以赚钱为目的的社群才能赚到钱

我们在建立社群的时候，一定要充分考虑自身的产品或服务性质，建立与之相关的社群；但在运营社群的时候，一定不要把赚钱当成目的。我们建立社群不是为了赚钱，而是为了给消费者提供更好的服务、让消费者满意。也就是说赚钱不是目的，而是结果。

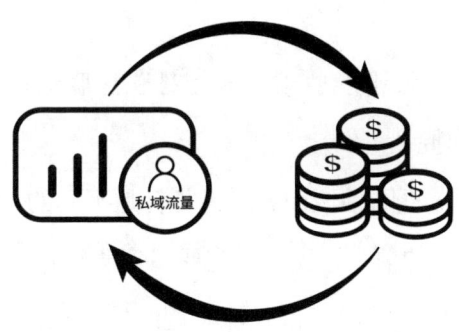

图14-1 私域流量转化

千万不要把目的和结果弄混了。如果以赚钱为目的，消费者不满意，又哪里来的成交呢？

当我们做一切事情都是以客户的满意为目的时，结果一定是赚钱的。

我们可以观察一下那些以赚钱为目的的社群通常是什么表现。不难发现，那样的社群大都是单纯的广告群，不是每天发一大堆的广告进行轮番"轰炸"，就是各式各样的广告和"水军"，让群成员不堪其扰，最终只能选择"消息免打扰"或者直接退出群聊。

我们都知道，设置了"消息免打扰"的群很少会引起我们的关注，通常我们都不会去看里面的消息。对于这样的群，有可能是碍于朋友、熟人的面子，也有可能是因为一些别的理由，我们没有直接选择退出。但是对于这些群的成员而言，留在群里的意义也不大，就像是一块鸡肋——食之无味，弃之可惜。

而直接选择退出的群聊就更不用说了，那就是因为这些社群对于别人而言完全是毫无价值的存在。当然，这样说可能会让我们有一些难以接受，但这确实是一个让人不得不接受的事实。

我们可以静下心来想想，对于社群而言，我们的最终目的是什么？如果我们的社群都不能让人留下，那就更别说让人在群里面实现消费了。

想要让人留下，最核心的思路就是"以人为本"。想要真正实现"以人为本"，首先就不能要求人多。对于社群运营的新手来说，群里的人越多就越难把握。

对于不同行业、不同领域而言，消费者是不同的，需要的服务内容也不同。在做社群运营的前期，我们一定要多多尝试做一些小而精的社群，先摸索出适合我们自身的运营模式，再逐渐扩大社群运营的规模。

如果一开始就把步子迈大了，又不会运维，很容易得不偿失，非但留不住社群成员,反而可能影响产品或者服务的口碑。

当我们学会用"以人为本"的思路与社群中的每一个人相处时,一定也能得到同样的情感反馈。

对于我们而言,只要秉承"以人为本"的理念,就一定能想尽办法服务好我们的群成员。而对于具体的方法,我们甚至不用特别学习,自然而然就能想出来。

比如我会在各种节日里给我的群成员发红包、发祝福语,也会带着他们玩"快乐咔嚓嚓""疯狂地雷战"等有趣的游戏,有什么新奇的物件,也会第一时间与他们分享。

因为我发自内心地把他们当成了朋友,而不是单纯的顾客。朋友之间互相牵绊,这种感觉不但能让群成员感到幸福快乐,也能让我们自己感到幸福快乐。

群成员的情绪一旦得到了满足,就一定会对我们产生由衷的信任,这份信任可以让我们的群长久地运营下去。当我们带着服务的心态和他们分享产品或服务时,他们会更容易接受。

所以,运营社群,一定不要把赚钱当成目的,为客户提供更好的服务才是目的。当客户因为你坚持不懈的服务而喜欢你、离不开你的时候,变现赚钱也是自然而然的事。

新店开业,社群如何告知、引流?

作为一个刚开业的新店铺,如何通过社群将客户吸引到店里来呢?相信这是我们每个人都想了解的问题。

注意，这个时候我们的目的是引流。也就是说，我们的目的并不是通过社群来直接赚钱。

明确了目的以后，我们就要开始组建社群了。

预备客户群体被拉进群（可以采取赠送礼品的方式吸引进群），当群成员达到一定数量的时候，就可以举行一些纯福利性质的小游戏了。比如，可以组织"红包手气王"活动，抽出一、二、三等奖并赠送奖品（奖品可以跟店内的实物相关，中奖者需要到店领取）。

做完福利性的小游戏，就可以发起群内优惠活动了。比如，群成员进店可以免费获得礼品一份；在店内完成购买能享受特别折扣；带一个人进店购买，两人可以同时享受更低一些的折扣，带去购买的人越多折扣越低（注意设置一个上限）。

在这样的社群中，我们在线上并不会直接向群成员销售产品，而是通过游戏的方式吸引更多人参与，然后让他们进店消费。这样既能产生后续的价值，也不会让群成员反感。

不管是实体店还是其他形式的店铺，建立社群的目的都不应该是赚钱，而是更好地服务消费者，达到我们想要的效果。

要知道，社群本身就是一个社交场，我们可以更关注人的社交需求，去满足他们的需求。只有他们的需求得到了满足，他们才会足够信任我们，我们也才能拿到自己想要的结果。也就是说，只有当我们用心去运营一个社群的时候，才能真正收获"铁粉"，最终引流到别的载体中，才能真正赚钱。

私域流量的多种变现思路

实现社群变现的方法有很多种,而且每个真正有黏性的社群,最终都能变现,只是变现的程度不一样。

我曾经运营过 1000 多个社群,它们中的大多数都实现了一定程度的变现,大部分也都能够完成我最初建立这个社群的目标,这是很值得我骄傲的事情。

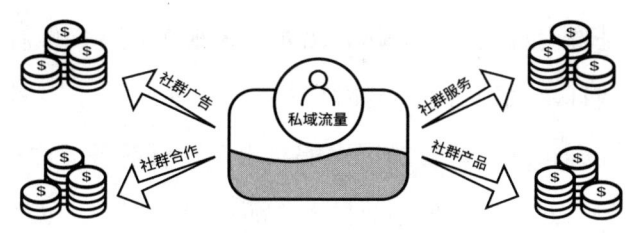

图14-2 私域流量变现

前文已经讲过,我是一个很认真也很长情的人,与我有过联系的朋友们,都与我一直保持着良好的关系。我的群成员和客户也是一样,这是我拥有的"聚合"能力。

我们可以问问自己:我是不是一个足够有耐心对待他人的人?我能否想尽办法为别人解决问题?

如果答案是肯定的,那么我们就具备了运营社群的基本能力;如果答案是否定的,那我们可以考虑将企业的社群交给专业人士来运营,或者提升我们的"聚合"能力。

对于成熟的社群而言,变现的渠道比较丰富,在这里我简单介绍以下几种。

第一种是社群服务变现，为用户提供专属且有效的价值输出，主要可以采取收取会员费的方式来实现。比如，专门提供咨询服务、知识付费服务等的店铺或企业，就可以采取这样的方式变现。

将这种方式运用得比较好的一个社群，就是樊登读书会。我们可能都听说过樊登读书会的年卡，当购买年卡的时候，我们就能享受一些诱人的权益。这些权益通常都是更加优质的服务，这些优质的服务吸引着更多的人去购买年卡。

我们也可以为自己的客户设计一些VIP权益，通过社群服务变现。

第二种是群内直接卖货变现，比如现在很多社区团购社群，就是直接在群内实现订单式销售。随着时代的变化，也出现了很多社区团长，他们都在用社群帮助小区里的居民解决衣食住行等各方面的问题，这就是典型的变现方式。包括我之前做的"葫芦泡"案例，也是典型的卖货变现。

群内卖货变现还有一种形式，就是客户直接参与产品的研发设计。其实这叫作CTM模型，就是工厂针对产品的设计研发需求，直接在社群内收集来自客户的反馈。比如，海尔推出婴儿空调，就是因为很多社群粉丝提出普通空调的强风对产妇和孩子的健康不好，要是有一款专门给产妇和婴儿用的空调就好了。正是因为海尔社群的群成员们有了这样的需求，也通过社群直接反馈给了企业，所以海尔最终生产出了这款空调。由于群成员反馈的是自身的真实需求，所以这款空调一经面世就吸引了一大批粉丝购买。

第三种是社群广告变现，也叫流量变现，其实就是卖广告。

这个变现方式对社群的要求比较高，一是要求社群中的人数必须足够多，二是社群本身必须足够活跃。当这两点都具备时，社群就可以承接一些广告资源了。但是一定要注意,我们承接的广告资源一定要跟群本身息息相关,不能完全不搭边。而且我们在向群成员推广时,一定要注意把握度,不能一味地疯狂进行广告"轰炸",否则一定会损伤我们的信誉,最终得不偿失。

第四种是社群合作变现,常见的方式有换粉互推、资源交换、合作产品等。

这是很多社群联合起来实现的变现,在传统领域被称为"异业联盟"。

社群互推是一种快速壮大社群的方式,当我们能够连接到外部资源时,可以与上下游企业、实体门店交换社群。

当然,在交换的时候也要注意,一定要使用"软广"的形式,否则也容易伤到社群成员。

吸引群成员关注、取得客户信任、实现群内销售、为下一步的社群变现打基础……这些都是做社群运营时一定要考虑的变现过程。当然,想要完成这样一个过程其实并不容易。

"一元竞拍"实际上就是行之有效的方法之一,我们可以参考如下案例。

"一元竞拍嗨翻天",轻松实现社群变现

"一元竞拍嗨翻天"的主要流程和规则如下。

首先由主持人发布本轮拍卖物品,想获得该物品的群成员以"在群内直接回复数字"的形式报价(最低1元),其他群成员可以加价，价高者得。

加价规则为必须整数加价，主持人将在群内确认三次仍无人加价时落锤。

这个活动有一些注意事项。

第一，拍卖的规则要先讲清楚，群成员有疑惑时我们要及时解释。

第二，拍品的选择很重要，一般可以根据群员需求，选择有议价空间的产品或者大家熟知的产品。

第三，要提前准备产品图片、文字，塑造产品价值。

第四，要注意及时在群内指明出价者及出价次数，例如"@李三 300元一次"，刺激其他群成员加价。

第五，可以提前找一些人在群内烘托气氛，气氛越好参与的人越多。

第六，拍品最终归属权的确定要本着公平、公正的原则，千万不要故意拖延。

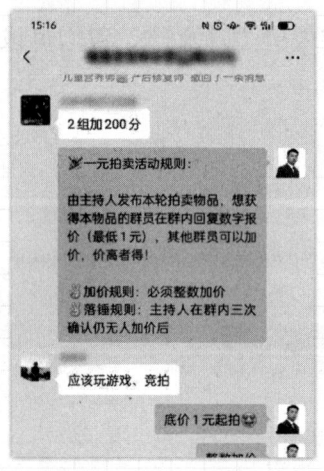

"线上订货会"——直接社群变现

这个活动适合已经沉淀一段时间,群成员对群已经有一定信任的社群。

我们都知道传统的线下订货会面临着成本高、周期长、耗费人力物力、销售方式老套、客户参与意愿低等诸多问题。

举办线上订货会可以节约成本、节省人力物力,让客户躺在家里轻轻松松实现采买,产品推广也非常有效,还可以提升社群活跃度。

既然是线上订货,我们就一定要塑造线上的价值,让客户感受到线上订货的一些实实在在的好处。比如,线上订货达到一定数额可以赠送礼品,线上订货包邮等。

如果要举办线上订货会,我们一定要提前准备好话术和海报。主持人在线上订货会中起着决定性作用,一定要擅长烘托气氛。

针对B端,实际上举办线上订货会并没有那么难,因为群内沉淀的都是我们的准客户,对于他们而言,是线上订货还是线下订货没有太大区别。所以针对这一类的社群,我们可以直接发起线上订货会。

其实不管是我们本身要实现变现，还是承接广告、与人互推实现变现，社群运营都需要用"软广"的方式，这与公域流量平台的运营方法是有区别的。公域流量更关注产品本身，而私域流量关注的永远都是人。

只要有人，就有需求。只要我们满足了他们的需求，实现变现也是一件很容易的事情。

"爆火"实体门店的多功能打造之路

在当下这样一个购物环境下，顾客为什么愿意到实体门店来？难道仅仅是为了买东西吗？

我们都知道，在当下这个时代，实体门店的经营变得越来越困难，甚至可以用四面楚歌来形容。

形势已经如此紧迫了，有的人还想着像过去那个时代一样，只要开个店，就一定有人上门来购买。

在这个时代，如果仅仅是为了买东西，人们完全可以到网上购买，流程更简单，还可以足不出户。

很显然，实体店如果还只是停留在物品买卖阶段，就必然走向灭亡。

如今，很多人选择在线下购买商品，更多是因为在线下购买的同时，他们可以得到一些有价值的建议，体验到一些不一样的场景，收获一些不一样的感触。

比如消费者要去线下买一件外套，实际上可能是为了方便试穿，找到最适合自己的款式。

如今线下消费更像是一种情感的联系，消费者愿意到线下购买，是因为线上不能满足他们的情感需求。

"爆火"代表的不仅是一种消费者的认可，更是实体门店的一种火爆的状态。如果想要达到门庭若市的热闹效果，就必须学会打造多功能的实体门店。

我们可以看看现在的线上直播，主播不是在直接卖产品，而是在塑造这个产品的使用环境，表达其对产品的理解，分析这个产品可以给我们的生活带来的改变。

连线上都开始围绕产品的多样性做文章了，有的线下实体门店依然墨守成规，这是很危险的。

实体门店应该是生活方式的建议者、产品使用场景的提案者，甚至是一个社交场所。单纯销售产品在未来肯定是没有出路的，实体门店要"爆火"，就必须改变其功能。

那么实体门店能打造什么样的功能呢？

第一，我们要清楚，实体门店已经不仅仅是一个卖东西的地方那么简单了，它更是一个与客户建立联系的地方。所以我们可以在店内举办一些互动性比较强的活动，比如举办沙龙、培训、分享会等，提高与客户见面的频率。

第二，我们的门店实际上可以是一个展示的空间。也就是说，除了做好线下的产品陈列，还可以打造一个线上的直播间，这样可以多渠道地展示我们的产品或服务，同时也可以与客户更好地建立联系。

第三，我们的门店还是一个客户进行体验的地方。比如客户来买衣服，我们可以提供穿搭方案；来买零食，我们可以提供零食的制作教程或者制作零食的一些器具；来买书，我们可以提供部分书籍的免费借阅……

也就是说，如果我们想让门店更加火爆，就一定要打造门店的多功能性。要想打造多功能门店，方式有很多种，但是我比较推荐的是用游戏化营销的方式来打造。比如我们提到的线下聚会、沙龙、培训等，都可以使用游戏化的方式，因为这样会更容易被客户接受，客户也更愿意参与。

通过游戏的方式，营造轻松愉快的氛围，让消费者在店里找到在线上找不到的快感，他们就会更加积极地参与到实体门店的活动中来，只有这样才能让实体门店实现真正的"爆火"。

关于游戏力营销，前面我讲过很多方式方法，这里不再赘述。我还做过很多案例，后续我可能会将这些案例整理出来，形成一个案例集，发放给我的读者们，这里就允许我先小小地卖个关子吧！

在打造"爆火"实体门店时，除了利用游戏力营销的方法，还有一个不能忽视的微信功能，那就是企业微信。

我们都知道，在私域流量运营中，我们通常会选择建立微信社群的方式。但是建立微信社群以后，一定还需要一群运营人员来进行管理。

对于我们的运营人员而言，要如何统一对外的形象？如何保证运营的效率？除了日常的运营管理培训、统一话术等方式，如何量化他们的工作时间和工作内容？

性价比最高的方法就是利用企业微信。我们可以在企业微信中建立一个企业账号，这个企业账号可以绑定很多个运营子账号，所有运营人员全部都能统一带上品牌的名字，还能实现一键管理。这样既能高效地完成任务，又能对外展示一个良好的品牌形象。

而且企业微信还有一个"上下班"功能。在上班的时候，大家都可以登录企业微信进行社群的运维，实现高效管理；下班后，员工可以点击"下班了"，工作信息就自动变成了"勿扰模式"，运营人员可以选择不再看工作信息，这样运营人员的正常生活不受影响，可谓一举多得。

如果我们还是单纯地用普通微信号进行社群的运营管理，那统一起来会很麻烦，而且一旦运营管理人员离职，也会对品牌形象造成一定影响。

如果是企业微信，这个账号是属于企业所有的，背后的微信号不属于某一个人。对于品牌而言，即使运营管理人员离职，也不会产生大的影响。

所以，在我们打造私域流量池或者打造"爆火""爆款"实体门店时，应该综合地了解一下可以为我们所用的一些方法和工具，这样才能事半功倍。

第三篇

我们未来的约定

第 15 章
有"时"叨叨：自省者常自新

我有一种能力，可以让我在面临任何事情的时候，迅速跳出事情本身，找到解决问题和调节自身情绪的办法，这种能力就是自省。

图15-1 自我调节

自省不是一种天赋，而是一种能力，一种能够通过刻意练习锻炼出来的能力。就好比我们的审美能力、表达能力等，都是能够刻意训练的。

其实,很多成功的企业家都有自省的习惯。他们会通过打坐、喝茶、听音乐、冥想等相对安静的活动,去思考自己的行为,甚至还能从本体中跳出来,站在第三方的角度审视、评估自己的言行。他们通过第三方视角,达到调整情绪、及时修正错误的目的。

只有通过不断自省去反观自己的行为、态度,才能保持一个很好的状态。

自省,实际上就是自我反思。

在与他人意见相左的时候,我们能够站在他人的角度去看待、处理问题,一定比只站在自己的角度去看待和处理问题要好得多。

人与人之间是有差距的,并不是每个人都能赞同你的观点,如果站在别人的角度,也许别人反而是正确的。

我曾经看过一句很有哲理的话,是这样说的:"鸡蛋,从外打破是食物,从内打破是生命。"

只要换一个角度,我们就能得到不一样的答案。是选择从外打破成为食物更有价值,还是从内打破成为生命更有价值呢?

很多人可能会第一时间选择从内打破,成为生命。但是如果我们这个时候很饿,迫切需要补充身体的养分,或者说再不吃一口可能就会饿死,这种情况下再让我们来做这个选择题呢?

这句话还有另外一个理解方式:当我们选择由内而外突破自我的时候,我们的生命一定能够得到升华。

鸡蛋,由内打破是孵化;人,由内打破就是自省。

通过由内而外的自省,我们能够时刻让自己保持在一个很"新"的状态,每一天对于我们而言,都是新的一天。

自省者,常自新。

我有一个习惯：每年都会给自己写一个年度总结。

我会在总结中写出我这一年的成就、犯过的错误、下一年的规划等。做这件事最重要的意义，是在总结中修正对自己不满意的地方。

人要找到自己的优点很简单，但是要找到自己的缺点很难，因为我们从潜意识里就不愿意承认自己的不完美。在我们潜意识的价值判断中，我们就是故事的主角，自带"主角光环"和"滤镜"，是不可能犯错的，每一件我们参与的事情仿佛都一定是正确的。

那些犯过的错就像是散落在我们身体各个部位的垃圾，我们通过自省将这些垃圾找到，然后将它们清理出来，这样能让我们每天都保持一个新的状态。

所以，我们每天、每月、每年都要留出时间来自我反思。

我的性格比较温和，之前一直站在别人的角度去思考，以至于我很容易接受、认可别人的观念，也很容易失去主见。

很多时候都是别人一说，我可能就相信了，也真的愿意去投入时间、精力帮助别人，导致我一度做起事情来很不开心，因为我总能发现那最终都不是我想要的。

但是我会逐渐跳出来去独立思考事情本身的逻辑，想想这个决定是不是真的正确，是不是我想要的，是不是值得我付出时间和精力。

最后我通常都会发现，那可能就是我的一时冲动罢了。

没有一个人能不走弯路、不犯错，但是通过自省，我们可以迅速让自己调整过来，保持一个新的状态。

最后，送给每一位读者一句话："每一段经历都是一颗珍珠，都值得我们珍藏起来。"

第 16 章

增长学派：一个未来的约定

上海增长学派数字科技有限公司是一家专注于为企业提供一站式数字化升级方案、助力打造企业新增长引擎的科技服务型公司。公司旗下有近百位来自数字化、私域、直播、电商等领域的专业人才，凭借丰富的营销经验、长期的私域运营经验以及强大的技术产品开发能力，致力于为企业提供数字化运营、数字化管理系统及全域带货整体解决方案。

公司定位：用数字化赋能，打造企业新增长引擎。

自 2020 年新冠肺炎疫情暴发以来，中国的各个行业真是"几多风雨几多愁"。随着疫情的发展变化，以及国内新生代力量的不断成长，中国的消费市场也同样发生了巨大的变化。

当外部环境不断变化时，企业想要可持续发展，就不能仅仅依赖曾经的成功，而是要变，要敢于做出真正的变革。只有真正跟变化走在一起，发展才可以持续。

在变革管理当中，如果你认为把公司制定的绩效目标完成就算是很好的，那这个组织逻辑就有问题。我们称之为"不增长的逻辑"，因为你只满足于已设定的目标。而当下，不增长逻辑下的企业也就等于即将被超越甚至淘汰。

在中国经济高速发展的 30 余年里，企业充分享受着人口红利带来的商机，从"野蛮生长"的经营方式到粗放的管理模式，低效、浪费、高成本在巨大的市场空间中都显得微不足道。

但是随着市场的逐渐饱和、消费水平的逐渐提高和消费者逐渐养成的新消费习惯，众多企业开始出现生产不盈利、销售不赚钱甚至越做越亏的现象。

阿里研究院发布的《2021 中国品牌发展报告》显示，2016 年我国开启供给侧结构性改革以来，新品牌逐年扩张，2020 年天猫新品牌的销售额是 2016 年的 18 倍。而另外一组数字却反映出"不增长"就等于"被替代"。2017—2021 年第三季度天猫渠道服饰、彩妆、护肤三大赛道的品牌迭代情况显示，以 2017 年年底的品牌排行为基准，截至 2021 年第三季度，排名前 200 品牌的累计替代率已经高达 50%～60%。通俗来讲，就是三年前销售额排在天猫前 200 名的品牌里，有超过一半的品牌都已经跌出了榜单。同时，三条赛道的品牌每年被替代的数量也在上升。

增长是企业发展中永恒的、必须持续关注的话题，主要原因有以下四点：

第一，顾客在变，没有什么行业能增长到不能再增长的极限；

第二，没有企业大到不能再大；

第三，没有用户的哪个需求被百分之百满足；

第四，没有企业永远不犯错误。

毋庸置疑，增长是企业的首要目标。企业所做的一切工作都是为了增长，都是围绕增长展开的，不管是战略、品牌，还是营销。

企业要想获得增长，首先要思考的是如何提升销售额，有以下几个维度要考虑。

可以改进产品和产品组合，提高客单价；可以扩大传播的规模，增加顾客数量；可以提升用户忠诚度，获取顾客的终身价值；可以将品牌打造成为一种社会文化，扩散出去，提高转化率。将以上的观点浓缩一下，就是下面这个大家非常熟悉的公式：

企业增长＝流量 × 转化率 × 客单价 × 复购率 × 用户生命周期

公式简单明了，但也是企业增长的根本逻辑。

那如何通过这个简单的公式，实现企业增长呢？我们可以拆解分析一下。

流量

流量也就是你的客户数量。获得客户的方式有两种：公域流量获取，私域流量裂变。

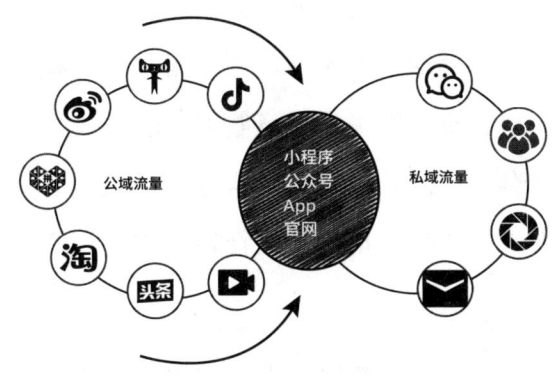

图16-1 流量转化

获取公域流量的路径有很多,在抖音、微博、微信等互联网平台上做内容,在传统的电视、广播、报纸、户外四大类媒体投放广告,以及线下的地推活动、渠道推广、客户拜访,都能让我们获取流量。有了客流,后面一系列动作才有价值。

再说说私域裂变获取流量。当下很火的私域流量运营,是基于企业原有的用户,经过激活和深度的运维,使用户与企业达到强连接后,通过适度的奖励机制,让用户介绍用户,甚至让用户成为你的分销商。

私域裂变所带来的流量更为精准,转化率也较高。我们熟知的百果园、肯德基、名创优品等品牌都是通过私域裂变的方式迅速提高了企业的用户基数。

客单价

产品优化后销售价格的提高或者组合的方案式销售,对销售增长都是有帮助的。

产品的优化、场景的塑造，可以让企业的产品被更多的消费者接受。场景的塑造在当下这个视频使用率非常高的时代，对产品的销售有很大的助推作用。直播间里的现场吃播、服装模特的亲身试穿等，都让静态的产品有了动感，配合背景等各个场景的展示，使消费者身临其境；再加上诱人的限时抢购、组合销售等营销活动，消费者会蜂拥购买。

在用户行为数据、购买数据和基础数据的帮助下，企业非常清楚自己用户的需求，可以根据需求设计产品的组合，从而提高产品的客单价。

转化率

增加了流量并不意味着能增加销售额，因为还要看用户转化率。影响转化率的因素有很多，比较重要的有客户的信任度，也就是企业与用户的关系是不是强连接。

用户在门店或者网上购买了商品，并不意味着就建立了很强的信任关系，就会持续购买或者介绍他人消费产品。这个时候，社群的作用就凸显出来。社群的作用就是先通过微信群或者线下聚会等方式，更多地触达客户，深挖用户痛点，满足用户更深层次的诉求，把一次性的销售链路变成反复触达交流的循环模式；再配合各种高利益、有温度的活动，让客户逐渐对企业或者产品品牌产生深度认知和信任。

成交的前提是信任——先交朋友后做生意，就是这个原理。

复购率

企业增长公式中,复购率最能影响企业的销售额,甚至是利润。能让用户复购,取决于用户对产品或者与产品对应服务的满意度。购买的便利性对复购率也有一定影响。

小程序商城的使用,也能解决用户 24 小时随时线上进行购买的需求。发货速度等售后服务环节的数据收集和整理尤其应该形成一套标准。针对用户购买后形成的数据分析,也能让企业本身更好地为用户提供精准的服务和技术呈现。比如,一位用户购买了净水器,那在使用 1 年后,服务系统会自动提示该用户该购买滤芯了,也会自动推送一张用户使用的滤芯型号的优惠券和该产品的链接。那用户能不立刻购买吗?

这些都是影响复购率的因素,值得我们格外注意。

用户生命周期(LTV)

用户生命周期主要有两个定义。

定义一:指的是用户在生命周期内贡献出的商业价值。其中,价值不是单纯代指现金收益价值,还包含用户数据信息等无形资产带来的价值(比如用户的口碑推荐、下单偏好数据)。

定义二:意为客户终身价值,是公司从与用户进行的所有互动中得到的全部经济收益的总和。通常被应用于市场营销领域,用于衡量企业客户为企业贡献的价值,是企业能否取得高利润的重要参考指标。

做好用户生命周期的运营,需要完成以下两个步骤。

一是数据准备,包括线下数据、用户信息、线上数据和商品标签等。其中，用户线下数据由储值、门店购买等行为产生，用户信息包括性别、年龄、收入、受教育程度、家庭状况、地理位置、职业、爱好等；用户线上数据由浏览、购买、搜索、点赞、评论、收藏等行为产生，商品的属性标签有商品类目、包装、口味、价格等。这一步能够帮助企业更精确地分析用户喜好，并为最终使用AI预测功能实现营销"千人千面"打下良好基础。

二是数据分析建模，转化实施。借助大数据及AI算法，能够将用户进行分层，分析会员升级的动因，有针对性地为各层级会员提供相应的优惠活动，刺激会员从"一购"到"二购""三购"，由"普通会员"成长为"优质会员""忠诚会员"，解决企业由于不了解用户生命周期而无法进行精细化运营的问题；并打造覆盖全站主要流量的个性化智能推荐体系，形成一系列可落地的解决方案。

企业增长公式看似简单，却蕴含着丰富的内容和企业的价值观。增长学派将继续不断分享各个维度的前沿信息和不同领域有识之士的见解，在未来道路上与各企业共谋发展之路。

第 17 章

小语录——我想悄悄说给你听

001　真正的记忆是制造感动。行为远远大于语言表达,只有心中有客户,才会时时刻刻想着如何制造让他们感动的场景和方法。

002　对于身边的人,说服他不如去影响他。绝大多数人不喜欢被教育,喜欢自己分析得出结论。给他一个问题,比给他一个答案更有价值。

003 　　无论什么层次的消费者，最容易让他们动心的还是产品价值。这里的价值不仅是低价，核心是"好东西价格不高"，也就是我们常说的"有价值感"。塑造产品的价值感是企业必须关注的。

004 　　消费者已经很少因为需要物质本身而花钱了，他们花钱更多的是因为情感需求。我们只需要通过一个产品来满足消费者需要的情感，就有可能促成成交。

005 　　任何人的成长都经历过各种失败。失败有大小，成长有先后。值得尊敬的领导者给你犯错的机会，而又帮你在错误中找到改进的方法。这又何尝不是两者共同的进步呢？

006 　　直播带货，在发展中尚且属于有很多缺陷的产业。在其简短的发展史中，主要有以下三个明显的缺陷：第一，脆弱的供应链管理；第二，恶性竞争下的低价策略，难以保障用户的忠诚度和产品质量；第三，下沉市场的去品牌化，无法让高端产品获得利润。

007　　想让孩子在公共场合安静下来，即便他正在嬉戏打闹，我们也可以对他说："你刚才在座位上安静的时候真棒！"用你期待他的行为作为表扬他的内容，而不是批评他的不安静，他就会在内心暗示自己：我安静的时候会得到更多人的喜欢，从而逐渐安静下来。

008　　终于弄明白学习过程中各流程的目的了：上课是为了讲述原理和案例；作业是为了让自己动手实践；考试是为了复习回顾，找出自己不懂的地方再学习；升学代表上一阶段学习结果合格。

　　举个例子，为什么很多健身房开不下去了？是因为没有考虑客户的问题不是到了健身房如何锻炼，而是如何坚持去健身房。

009　　所有企业之间的竞争归根结底都是人与人之间的竞争。从引领者到管理者、普通员工、企业客户，最终到消费者……只有链条上各个环节都同频共振，威力才巨大。

010 　　商场有商场的语言，职场有职场的规则，生活有生活的逻辑。说话做事不要用错场景，更不要一概而论地统一风格。否则要么受伤，要么伤人。

011 　　无论是愚公移山，还是铁杵磨成针，这些故事都在强调坚持的重要性。坚持做好一件看似普通的事情，非常难能可贵。比如坚持早起、坚持锻炼、坚持学习、坚持帮助身边需要帮助的人等。坚持没有价值大小之分，而是一种精神！

012 　　在团队合作中，一个人出现了错误，不要纠结谁对谁错，而是要大家齐心协力迅速找到补救的办法，事后再复盘总结。

013 　　每天睁开眼睛就知道要思考什么、出门就知道要去向哪里，这些都是幸福，因为你有目标和方向！有方向的忙碌，胜于没目标的休息。

014 　　当所有的构思形成一张图纸，图纸中的设计变成真真切切的现实，并给居住的人们带来快乐，这是设计师最开心的事，更是企业家一生的追求。

015　　我们经常会听到有人脱口而出："我哪有时间啊？"这句话很多时候是一种托词，更是一种让自己心安的借口。要学习一门新技能，"我哪有时间啊？"要开展一项新工作，"我哪有时间啊？"……

　　其实，很多人就是用行为上的忙碌掩盖思维上的懒惰。

016　　人的改变跟环境有很大关系。这个环境是指人文环境——你周围是什么样的人群，就会营造什么样的工作、生活环境，更有可能会影响你的思想和行为。孟母三迁的故事，更是提示我们要关注跟什么人相伴，这很重要。所以如果要想有好的状态，除了自我约束，还要找对身边的圈子。

017　　我们有很多事情没有学习过就开始做了。比如婚姻，都是在经历中靠自己不断总结反思的，没有一本书可以告诉你如何经营好你的婚姻。比如教育孩子，很多家长自己还是孩子的时候，就开始带孩子了，如何教育也是在延续父母对待自己的方法。

018 都说贫穷限制了我们的想象，其实知识也会。当我们的知识储备不够多时，对很多事物的判断也会出现问题。

019 现在是个拼知识存量的时代，做专业领域的人一定要垂直学习。做战略布局的人不但要垂直学习，更要有宽度知识内容。

020 在物质极其丰富的当下，人们购买产品的感性大于理性。了解客户、爱你的客户带来的效益会大于给客户一堆便宜货。营销的迭代要从价格走向情感，从产品走向人！

021 世界上最近但也最远的距离是什么？那就是说和做之间的距离。在嘴上说说，也就是几秒钟的时间。但要说到做到，可能需要很久。有太多人以为说了就是做了，还有太多人以为做了就是做成了。只有真正理解"做到"是什么意思，才会让我们的意识里不再有敷衍和自娱自乐的满足感。

022

你的知识储备不同，对待问题的看法就不同，处理问题的方式也会不同。所以，遇到自己不专业的领域，不要用你的认知去衡量所有的事，要相信有专业的人可以解决。出现难题是因为我们的认知出现了空白。这个难题在他人眼里，也许根本不是问题，找对人就可以做对事。

023

学习全新内容课程的人有三种情况：

第一，兴奋的。因为听懂了，发现自己找到了新的方法，充满了激情。

第二，迷茫的。很努力地听，但是仍旧没有听懂，还是没想好怎么做。

第三，无感的。内心不接受新的观点和内容，全程思想在游离状态。没有思考，所以没有感受。

站在他们的角度来看，这些反应都是正常的。因为有认知差异，才会有人生百态。我们要紧盯已经兴奋的人，留意暂时不懂的人，放弃心中无感的人。在有限的时间，做效率最高、能让我们最快看到结果的事。

024 独立与独行相比,独立是精神,独行是行为。独立的人可以做到独行,但独行的人不一定可以做到独立。

025 恋爱与婚姻相比,恋爱体现你的销售能力,婚姻体现你的管理能力,销售能力强不一定管理能力就强。

026 能力与实力相比,让自己快乐是能力,让他人快乐是实力,先有能力才有机会提升实力。

027 有用的信息太少了,我们处于一个垃圾信息的海洋中,很多观点鱼目混珠。我们一定要有自己独立的判断和思考,否则脑子会越来越不好使的。

028 消费者以前是逛商场,后来是逛淘宝,接下来就是逛直播间。购物场景一样,只是载体和表现形式迭代了。只有跟上,别无选择。

029 打造IP、宣传品牌的路径分散了。要做好微信朋友圈、视频号、社群,还要做好抖音和头条。

030 　　如果消费者看到自己附近的门店在抖音上直播，他会更愿意选择在这样的直播间停留、沟通、购买。

031 　　还有很多实体人受制于自己的认知，不接受视频时代的变化即将给自己带来的影响。不会、不想、不适合，成为三个最常用的理由。理由可以有无数个，但是错过了时代给予的升级机会，没人会为你的理由买单。

032 　　当下人们对放松心情、愉悦自己的事情最感兴趣。在经营中，我们也要尽量让消费者在愉悦的状态下购物。让产品玩具化，让购买游戏化，把消费行为组合成娱乐营销活动。

033 　　表面上看，我们很多人都在改变行为，实际上本质都是在改变思想。没有思想的驱动，不会有持久的改变，更可能会因为改变中的一点点困难而轻言放弃。

034 　　人的时间是有限的，你花在娱乐上，就没有时间放在学习上；花在处理简单的事情上，就不会有时间解决重要且有难度的事情。久而久之，就形成了实际的我们，而不是口中描述的我们。时间花在哪儿，你就在哪儿。

035 　　学着拥抱不确定性。我们出行、拜访朋友、参观学习时，都会遇到"计划赶不上变化"的时候。我们要学着欣然接受现实，并且在现实中实现新的目标。只有抱着遇事不惊、随遇而安的态度，才不会浪费时间和心情。

036 　　在市场变化巨大、以往的经验不再起作用的时候，我们更要静下心来做基本功。有质量的、持久的学习能力就是基本功。

037 　　因为发型的变化，我们可能需要改变衣柜里的衣服。一个新技术的启用，也需要配套支持。做直播，不单单是有个手机、有毅力就可以播了，还要做一系列的调整。

038 　　比产品竞争维度高的是服务竞争，比服务竞争维度高的是权益竞争。

039 围绕产品设计的活动，可以有更多层面的设计。名创优品的10元店、淘宝1元店给予我们的信号就是：不要把产品在销售中的作用"一刀切"。什么样的产品价格能让客户心动？我们又靠什么产品赚钱？两者完全不一样。流量靠吸引，价值靠塑造，变现靠转化。

040 市场给了实体人很多次机会：电商时代，大家都可以重新洗牌；微信时代，又有一次可以超越同行的机会；直播时代，再一次让我们站在了同一条起跑线上。只是如果我们哪个机会都没看明白、都没有把握住，就别感慨市场难做了。那些所谓的成功大师之所以可以十几万元、几十万元地忽悠学员的学费，并且绝大多数学员都是实体人，是因为很多实体人太想速成，不愿意花几个月、几年去深耕一项新能力，总想找捷径。而成功大师就是利用了你"一夜翻身"的梦想。

041 很多人一直在为大脑填充信息，看直播视频、看八卦新闻、学习各种文案鸡汤、听歌、看剧、打游戏，甚至洗澡、上洗手间、坐车、走路都在让信息进入自己的脑袋，不曾让大脑有安静下来主动思考的时间。久而久之，大脑的思考能力会下降。每天，我们都应该有一段时间放下手机、书籍，让大脑主动进入思考、分析的状态，这样大脑才会更健康。

042 我理解的消费升级不是让大家都去消费贵的东西，而是通过成本优化，将高品质的产品卖出平民化的价格，让更多大众群体消费得起。

043 当下，人们很多时候表面上购买的是产品，其实是通过这个产品实现他的一种心理需求。所以产品竞争的背后，是看谁能真正读懂客户的内心。

044 跨界看似跨的是产品，实际跨的是对消费者的了解。消费者在不同的产品面前所表现出的行为和内心的需求是不一样的。作为营销人，首先要对所在行业的消费人群进行分析研究。仅仅是基于产品层面的策划，往往没有太多亮点。

045 短视频之所以能让那么多人上瘾，是因为它可以在很短的时间内制造出类似歌曲的高潮部分，让观者感觉非常过瘾。但这种快餐式的内容会让很多人变得没有耐心。

046 读书、读文章都可以系统学习和吸收知识，所以我们一定要拿出时间来读书。

047 夫妻也好，朋友也罢，在发生争论时首先闭嘴的人，不是吵不过对方，而是更在意对方的感受，更爱对方。

048 企业之间的竞争，是决策人战略上的竞争，是管理团队执行力的竞争，更是终端渠道进步速度的竞争。

049 如果做事总提前把后路想好，这件事往往是不会成功的。因为你在潜意识里就做好了不成功的准备。

050 当今数学这门学科越来越受重视，是因为它与现实生活、商业的结合让很多难以用正常思维解释的现象有了理论依据。

051 "乌合之众"和"熵减"两个词，形容的都是很多人在一起的状态，区别就是这群人中最核心的那个人或者那几个人的出发点和思想。跟对人才有机会做对事，与什么人同行就会产生什么样的能量变化。看似没有规律，实际上都有章可循。

052 客户买的不是产品，而是解决方案。例如，人们买健身卡的目的是"我如何实现健身目标"。

053 以价格为核心驱动力的在线导购平台，以多样化的导购形式成了品牌方"品效合一"营销的有力渠道。

054 在线导购平台迎合了"品效合一"营销的趋势，在同一平台为用户提供从"种草"（心智占领）、"长草"（认知引导）到"拔草"（消费决策）的消费全链路服务，同时其服务范围也衍生出综合型和垂直型两种类型。

055 生态化、流量多元化、智能化成为行业发展三大趋势：

第一，围绕用户、内容服务商、电商以及品牌商创建共赢的生态系统；

第二，流量获取多元化，丰富流量获取的渠道、内容与展现形式；

第三，通过建设大数据平台、智能营销平台等方式实现精准商品与广告推荐，提升用户转化与留存，以构建竞争壁垒。

056 刺猬之所以可以相互依存，是因为接受对方的刺。只要双方的目标一致，妥协并不意味着受伤。

057 能带领团队走得更远的不一定是钱多，也不一定是福利好，而是打造出团队共同认可的学习文化。

058 学习是需要长期持续进行的，很多人在学习路上不能自律，中途放弃了。当一个团队有了学习的文化，相互督促、相互影响，就能在学习中形成更深入的了解和感悟。心里充实了，行为就会更加坚定！

059 做大事和做小事的难易程度是一样的，所以要选择一个值得追求的宏伟目标,让回报与你的努力相匹配。

060　在展示自己时请记住,印象非常重要,整体形象必须毫无瑕疵。其他人会通过各种线索和端倪来判断你的真实面貌。所以,要重诺守时,要真实诚信,要准备充分。

061　处于困境中的人往往只关注自己的问题,而解决问题的途径通常在于你如何解决别人的问题。

062　对消费人群的关注和研究,一定要像研究产品一样花心思。

063　以母婴渠道为例,消费者有"70后""80后"和"90后",他们的消费观各不相同:"70后"节俭,"80后"大方,"90后"爱看攻略、关注专业知识,而少部分"00后"也已经开始购物了。对待不同年龄段的客户,要有不同的服务方式。另外提示一下,我们的重点还是未来,而不是当下。

064 微信社群仍旧是很多人每天要看的，可是没有升级的社群会更加不受关注。现在的群要给群成员明确的方向，有聚焦的群名称才会更吸引人。比如"健身爱好者沟通群"就不如"六个月一起改变自己"更能吸引大家。做有温度的社群，对于实体店来说仍旧是非常必要的。

065 当今"90后"顾客身上发生的变化，我们发现了吗？

第一，我比店老板更专业，因为我爱做攻略。

第二，你们都买，我也不一定买。我不关心你的工厂有多大，你的产值有多大，因为这跟我都没有关系。我更有自己的想法。

第三，我更在意你懂不懂我。我既可以买单价1000元的化妆品，也可以买10元一支的眉笔，不一定看品牌，只要你懂我，我就买！

第四，喜欢环保、简单、自然。

第五，一切最好都是智能的，能懒就懒。

第六，一切购买看数字：影视看评分、外卖看评分、淘宝看评分……更相信第三方认证。

066 稻盛和夫说的一句话很有道理：钱不是挣来的，是你为别人解决问题换来的。你越想挣钱，反而越挣不到钱。要想着如何为别人解决问题，问题解决了，钱也就来了。

067 现在我们很难有大段的学习时间，要利用好碎片化的时间补充知识。其实每天的碎片化时间加起来能有4个小时，所以把我们经常要看的书放在手机里、放在枕头边、放在马桶旁等一切触手可及的地方，什么时候想读就可以马上实现。

068 钱大妈菜店的商业模式引发了关注。这又是一个典型的高频产品引流的做法，后面如何转化这些手里存款最多的大爷大妈呢？我们拭目以待。

069 一个好问题抵过一百个好答案，那是因为好问题能带来深度的思考。而没有经过深度的思考，也提不出优质的问题。人们在相互争论的时候，出语的速度越快，越不会经大脑思考，也越容易伤到对方。沟通的目的是解决问题，如果因为沟通的方式不好，问题没有解决，还伤害了彼此，就得不偿失了。

070 科幻小说《三体》里有句话："我消灭你，与你无关。"这就是这个时代既残酷，而我们又不得不面对的现实。在新冠肺炎疫情之下，太多的行业为了生存做了降维打击的事：喜茶推出半价的喜小茶，海底捞推出更为优惠的面食品牌……而很多的工作岗位也迎来了降维打击的人：研究生做保姆，硕士生从事家政……所以，当你还在纠结要不要改变的时候，你已经被淘汰了。就像一个段子里说的：当遇到半瓶子水时，老乌鸦自信地往瓶子里叼石头，小乌鸦却叼来一根吸管。升维思考、降维打击、走出惯性，也许是当下最好的方式。

071 看了几个月的直播了，主播们大都是前期精神饱满、状态极佳，后面或声音沙哑，或面带疲惫。毕竟每天对着镜头连续讲解六个小时，甚至更多，很伤气息也伤身体。这不禁让我想到了《新闻联播》：几十年如一日，每天半小时，历经了几十年的《新闻联播》已经俨然成为我们生活的一部分。

直播本质上也是一个节目，我们需要固定时间、坚持内容，这是让消费者把你留在记忆里的一个习惯。

072 　　直播的热门商品应该是黑芝麻丸、三只松鼠等快消品，那董明珠为什么能带火非快消品的空调和家电呢？她总结直播心得时说："我在直播的过程中，更注重的是思想的交流，用一种真诚去感动别人。格力线下有3万多家经销商，要改变过去的思维，让服务理念、服务行为跟上这个时代，把我们的专卖店变成一个体验店，更是一个直播间，消费者可以来这里交流，提供一种休闲的体验。"

　　直播不但可以实现销售，更可以实现与客户感情上的同频共振。

073 　　所谓的私域流量运营，说到底经营的是人心。

074 　　董明珠直播带货如何做到单日突破65亿元，是很多人关心的内容。答案也正如我们当初的判断：拥有线下实体，拥有私域流量，线上KOL助力，线下利润分成，实现了真正意义上的线上线下打通。不仅打通销售，还利用软件技术对客户来源进行区分，以保证渠道商的利益。

075 　　直播带货也好,线上线下也罢,考验的都是我们如何根据自身情况进行调整和规划。能悟透、能使用、能迭代的实体企业,不会被淘汰。

076 　　我们每个人手里都有那么多流量,做到价值变现才是王道!

077 　　我们还没有把社群研究明白,直播来了;直播还没有怎么学会,地摊经济又火了!一时间我们都不知道该学什么了。任何销售形式都有适应人群,多样的销售形式将人们的购物场景变得更多元。地摊是门店销售的对外延伸,直播是门店宣传的对外延伸,社群是客情关系的对外延伸,这些都是依附在实体门店上的一种更接近消费者的形式。这些我们都可以尝试,从而找到我们门店的最佳组合。但有一点不用怀疑:只有多维销售模式才能吸引更多的客户。

078 　　格力董明珠直播带货,也许是传统代理制的一个迭代,流量转化功能中心化,各个线下网点成为引流、客户体验的场所……品牌方从幕后走向了台前，代理商从一线销售的角色真正过渡到了只做告知、体验、售后的服务工作。

079 随着技术的进步，消费者习惯的变化也在发挥着不同的作用，看得懂且能跟得上的企业才不会被淘汰。

080 董明珠直播，开启了线上直播卖货、线下分销引流的模式；刘涛直播，开启了生活化的直播场景。不论是直播间里声嘶力竭的讲解、单凭一己之力的吸粉，还是单调的购物场景、喋喋不休的宣传，都会很快引发视觉疲劳。借用私域流量的威力，感受客户的感受，"随风潜入夜，润物细无声"，才是直播的正确打开方式。

081 直播是工具，不是渠道。工具会经常更新，渠道则必须足够稳固。

082 一个好的项目，在当下仅仅有一个让人尖叫的产品是不够的，还需要适应市场的、可以快速复制的商业模式，还要有一个有魄力、不拘一格的领头人，更需要能快速切入市场的速度。缺少任何一项，都会影响这个项目的成功。

083 　　一线城市是陌生人社会，讲究契约精神；三、四线城市是熟人社会，讲感情和关系。熟人圈有口碑效应，好事坏事都传播得极快——这是下沉市场的传播之道。任何一款产品或服务一旦打造出口碑，就一定能进入当地的圈层。做产品推广，要看目标客户的地域；熟人圈层，更要设计口碑裂变活动。符合人性、顺应习惯，是营销设计的不变规则。

084 　　毋庸置疑，未来直播卖货将不仅仅是单一的卖货，而是不断丰富的内容输出，而且这将是直播带货比拼的一个重要维度。广告大师奥格威曾说："描绘品牌的形象比强调产品的具体功能特征重要得多。"主播是直播间的灵魂人物，代表着品牌的形象和调性。而且直播的兴盛，使得品牌和消费者的关系更加趋向于协作、交互，这意味着品牌必须具有人格魅力，才更容易贴近消费者。因此，直播形象的打造和专业能力至关重要。

085 抖音的迭代速度太快，衍生的商业机会更是层出不穷：销售、吸粉、裂变、社交……多重作用下的直播，成为全民统一学习的目标，这意味着我们会有更多的发挥空间。快点学起来，不要迟疑！

086 摆地摊不一定要卖多少钱，左邻右舍加个微信妥妥的；摆地摊不一定要赚多少钱，相互买点都开个张妥妥的；摆地摊没几个人成交，直播做好了吸粉效果妥妥的；摆地摊面子是不能提的，脸皮厚点再厚点是有必要的。地摊经济是一个古老又新鲜的话题，真要决定做了，就要做它个一举三得，我也想再去摆摆地摊。

087 简单的事情坚持做就会起变化，量变到质变就是这个道理。要实现质变就必须有创新。

088 社群就是客情关系的维护，只是从门店转到社群；直播就是电视购物的演变，只是要增加互动和吸粉；视频就是动态橱窗，只是要不断更新；地摊还是原来的地摊，只是要增加宣传的工具，还要有吸粉的动作。

089 人的成功，不在于即时反馈，而在于延迟满足。游戏让人上瘾，是因为只要经过几分钟的努力后，就可以进入下一关；学习不容易坚持，是因为要几年后才能看到自己的进步与变化。

090 人和人之间的差距，往往在于对人性理解的不同，在于"反人性能力"的不同。

091 我们经常讨论着某种消费现象，可能是欣赏，可能是鄙夷，还有可能是不解，但就是不想尝试。后来我们才发现，这是一种新的盈利方法，甚至是当时最火的风口。当年的网购、直销、微商，现在的社群、直播、短视频……机会不仅是留给有准备的人，还留给看得懂、积极行动的人。否则，在你眼里，机会永远是天边看得见、摸不到的彩虹。

092 电视购物跟直播带货，看着形式类似，但与消费者有着不同的关系。前者是站在对面，后者是站在一起；一个叫观众，一个叫粉丝；一个擅长讲解，一个擅长互动。

093 虽说是风口，直播带货所要解决的问题也是多方面的：货品质量的把控、带货者的专业度、对粉丝的管理和互动等。但不可否认，一种新的消费形式已经形成。

094 对于实体门店而言，直播的主要目的不是销售，而是代表"我在"，时刻提醒你的客户："我一直在，你得来哦。"

095 销售跟营销有什么区别呢？通俗来讲，销售是抓一只不动的鸭子，若没抓住鸭子有可能就飞了；营销是在地上撒谷子，把鸭子引过来，再把鸭子围起来、照顾好，还要拿走鸭蛋。销售的目标是静态的个体目标；营销是培养动态目标的整体氛围，看到的不只是一个顾客，而是一群符合需求的人。

096 我们设计一场活动，仅仅考虑销售量是不够的，还要考虑如何通过活动激发客户的复购欲望，如何借助这个活动让更多的人参与进来。活动赚取利润不是最主要的，最主要的是让更多的人过来、留下来、参与进来，这都是在活动设计时就要想到的。

097 高质量的社群大都有这样一个特点：一定有一个不变的习惯，或是群主定时发红包，或是群主定期发知识、观点，或是群主定期搞活动，总之是让群成员有可以记忆的地方。在社群中形成一个全员关注的习惯，无疑是打造社群标签最简单、有效的方式。

098 碎片化的知识，很难支撑制定战略的需要。但是，碎片化的知识积累多了就会形成体系，而且是独特的，自成体系。比如低频产品是销售的困惑，而很多低频的产品组织到一起，也会形成高频的门店。积累与集合同样重要。

099 真正体现能力的不是你曾经学习过多少知识，而是你能讲解或者使用多少知识。所以，让自己变得有能力的最好办法，就是将你学习的东西讲给别人听，或者直接做出来。只有这样的过程才可以让观点深入你的记忆，形成你的储备。为了将知识不断输出，就要不停学习，从而养成自主学习的习惯，让自己更加具有持续输出的能力。

100　　　我们常说术业有专攻,但是在当今环境下,仅仅有一项专业技能已经不够用了。"跨界打击"每时每刻都在发生。所以除了你的专业,还要有一两项优势。比如你是画家,但还会主持、烧菜,那你就是厨师里画画最好的、画家里主持最棒的。这些话在以前好像是笑话,但在当下是真正需要我们做到的。

101　　　横向的学习,不但有助于知识的多维度吸收,更有助于借鉴不同领域的知识,也许很快跨界学习就会成为常态。

102　　　流量和用户是不同的,这是两种不同的关系。用户关系有哪些不同的深度呢?从浅到深是:流量、用户、会员、共同体。他们相对应的需求为流量要资源、用户要感受、会员要归属、共同体要责任。我们要根据他们的不同需求,打造不同的内容。

103　　　靠什么能看到大机会?要靠我们的知识结构和认知维度。

104 　　人的进步，很多时候是要勇于把自己推到一个"绝境"。其实努力不值得骄傲，敢于让自己无路可退才是英雄。

105 　　百度是人与信息的节点，淘宝是人与商品的节点，社群是人与人的节点，只要在节点中就会衍生巨大的商机。不同的时代诞生不同的需求。而在这个时代，人与人的连接正在决定社会财富的创造、分配和转移。

106 　　信息的碎片化和内容的丰富，会让我们迷失在很多无效信息中，浪费时间、分散精力。我们只要关注那些有才华、有高度的人分享的知识就好了。

107 　　流量思维是倒三角形状，不断引流，逐步筛选出精准流量；社群思维是正三角形状，精准粉丝不断裂变，实现几何式增长。前者用的是工具，后者用的是感情。两者结合起来，流量变现的效果就会最大化。

108 　　自省是一种能力，更是让我们进步的路径。无论大事小事、成功失败，都要经常自我反思、随时复盘。只有不断从自身发现问题、不断迭代，才是真正由内而外的进步。

109 每当与大家分析市场环境和人们消费习惯、行为习惯变化的时候，就会有人说："不要讲这么多原理，有没有快速有效的办法，让我们的门店生意好起来？我不想听原因，直接给结果吧！"长年以来，就是这种急功近利的心态，才使很多企业越来越多地失去了系统学习和多维思考的能力。总吃"特效药"，不能解决思想与时代脱节的大问题。现在的市场变化不是听上几堂课就能适应的，我们要拥有的是长期系统学习的态度和能力。知识改变命运，是当下最好的良药。

110 站的高度不同，看到的景色就不同。山顶上的人不会奇怪山脚下的人会钻进死胡同，因为他们只能看到一公里的距离；山脚下的人也不要不解山顶的人为何知道一百公里后路面会堵车，这就像导航系统提示你的信息一样。无论你是在山顶还是在山脚，都有自己的使命和责任，做好自己就是对社会最大的贡献！

111 现在做事情很多知识是相通的：社群运营，需要研究存量；直播视频，需要研究流量。再研究多了，会发现归根结底都是在研究人的习惯。如果现在我们还是只把关注点放在产品上，时间久了就会有自说自话的可能。增加对人的研究，才能有无穷无尽的方法跟客户互动，让客户满意，从而让客户主动埋单。

112 我们都是实体人，有着很多年的老客户。那我们有没有经营好自己的粉丝？能不能把粉丝带到你想让他们去的地方，让他们成为你的后援团呢？

113 社群，是打造你与客户关系的载体。

114 有高质量的"留量"，有忠实的客户，运营好我们的客户社群，是我们实体人必须努力的方向。

115 每做完一件重要的事情，都要复盘总结经验与失败。因为角度不同，带给我们的收获就会不同。有人会陷在问题中，会因为细节没有做好而不断修正；有人却会跳出问题看问题，找到完成这件事所得到的启发和思考。就像我们因为塞车被堵在路上时，只会考虑自己如何能快点通过；而当你站在高楼上看塞车，就会考虑如何做可以避免塞车的情况发生。角度不同，结果就会不同。

116　　新公布的直播数据反映，超过八成的人会持续关注直播，原因有以下几点：第一，可以随开随看，边看边干其他事，不用聚焦，轻松收看没有压力；第二，随时可以跟主播互动，很热闹，当然直播的内容是否吸引观众也很重要；第三，直播销售过程，不担心产品展示有后期剪辑。

117　　如果你总是想着在群里做销售，那客户要么离开，要么"潜水"，因为谁也不喜欢随时随地"被成交"。当你用利他的心为客户着想的时候，你就有无数种方式做好社群，让他喜欢上你。不成交才是最好的成交！

118　　实体门店已经成为各大寡头抢夺的阵地，是因为实体渠道有着忠实的老客户，老客户意味着信任和口碑。要服务好、经营好老客户，并用单客经济的思路做到多赢，让实体渠道更具竞争力！流量诚可贵，"留量"价更高。

119　　客户因为利益而来，又会因为感情留下，不要总盯着客户的钱包，要成为他的朋友、顾问。

120　　微信有10亿流量，跟你没多大关系，只有进到你群里的人才跟你有关系。尽管一个城市有1000万人，但只有进到你店里的那些人才是属于你的客户。维护好客户，打造属于你的私域流量池，经营好自己的一亩三分地，任凭风吹雨打！

121　　销售不是把产品卖给对方，而是把信任卖给对方。建立信任的路径有两种：要么成为他的朋友——爱他，要么成为他身边的专家——帮他。

122　　只记住案例，不去思考背后的逻辑，等于没真正学到。透过案例发现背后的原理，才能直面变化而不慌乱。

123 　　私域流量这个词火过了社群，究其原因，也许是人们感觉私域流量这个词更有归属感，会觉得这个流量是属于我的。这也从侧面反映出大家建立自己客户流量池的强烈意识。如果客户不在你的流量池里，就一定在别人的流量池里。

124 　　给员工培训产品知识固然重要，如何让员工获得客户的信任也需要培训。只有客户信任你了，才会相信你所说的产品知识。他也会跳过了解产品的过程，直接接受你的推荐。所以，培训员工"产品优势99条"的同时，还要有"服务客户，建立信任的99步"。

125 　　你的公司一定有这样的现象：会上大家都赞同的事，会后每个人却都有不同意见，有的竟然跟会上的态度大相径庭，导致决策好的事情根本推行不下去。这是因为只要会议上超过三个人，就会出现不想"唱反调""随大流"的事。所以会上看似统一的意见，很多都是假象，这就是管理学上的"群体压力"现象。

　　如何破解呢？第一，只要超过三人开会，就可以指定一个人，必须跟大家意见相反。只要有人带头提不同意见，就会引出其他人真实的想法。第二，可以让大家在纸条上写出自己的观点，然后收集起来，再进行讨论。第三，头脑风暴中，分组讨论时，组长只能记录组员的建议，而不得进行反驳和分辩，以保持他们的发言热情。

126 最重要的不是创造顾客，而是创造顾客价值。所以，你要抓住的不是顾客，而是顾客价值，这是最关键的改变。

127 成交的前提是你跟客户要有沟通，客户通过沟通对你产生信任，有了信任才会有成交。互联网让沟通变得高效、低成本，社群让你跟客户信任的建立不受空间、时间的影响。总结来看，手机里的社群是你最有效率的沟通渠道。

128 有的人思考时喜欢用白板。白板，能把我们从"结构化的思维，有边界的思维，不能错的思维"中解放出来，帮助我们随时随地、无边无际地思考；写错了可以擦掉重来，板书不用横平竖直；不受A4纸的限制，不受表格的制约。没有约束的思维才可以放大。

129　消费升级=产品品质+场景+心情。

130　店面不再仅仅是个销售的地方,而是客户体验产品的地方、为客户提供生活常识的地方,甚至是你与客户建立关系、建立信任的地方。充分理解店面的作用,才可以发挥它的价值。

131　海尔开启了生态链战略,用上了全球直播;东阿阿胶开始使用网红带货、微商模式、直销模式;娃哈哈开启了新零售模式,宗庆后亲自站台为新品助威;飞天茅台酒使用网红带货……这一切变化似乎都来得太快。一线品牌都在紧跟时代,向客户证明:我还很年轻,我其实很懂你。更何况我们呢?

132　人们往往会放大遇到挫折的情绪,却忘记了这个过程带给我们的成长。

133　除了智商、情商,我们还需要拥有逆商。逆商不仅是一种能够度量抗压能力的测量工具,还是一套可学习、可运用的生活哲学和生活方式,帮助我们从逆境中突围、振作和学习。

134 FAB法则告诉我们：做事要有流程，包括与客户的沟通。

135 品牌的取胜关键在于用户资产。要建立以用户为中心的价值评估体系，根据品牌的目标客群和市场制订社交营销策略，相关的组织能力建设要跟上，特别是要注意传统战略观的更新换代，只有这样才能保证战略的高效执行，突围社交零售时代。

136 公共流量靠抢，私域流量靠养。要么花钱，要么花心思。

137 门店经营分线上和线下。线下是体验场，是开沙龙聚会的地方；线上是随时购物、找到爆品、推出新品的地方。有69%的人会在社交媒体上分享购物链接，人们在走进门店之前大多已经决定好了要购买什么。

138 实体企业怎么了？为何战斗需要几十年，倒下仅需几个月？其实，时代很公平，会淘汰跟不上的人，也会给任何人机会。社会发展离不开实体经济，但实体也需要与时代发展同步。实体人要学起来、动起来、走出去，打破自己的固化思维，与时代同频，为实体经济的繁荣出力。

139 穷则思变，痛则思变，只有从主观上愿意改变才会有动力。走出舒适区是需要勇气的，也许会撞得头破血流、遍体鳞伤，但是在这么好的时代下，不尝试一下，不拼搏一回，怎么对得起青春无悔？

140 创新路上没有损失。成功了，收获喜悦；失败了，收获经历。放下看似平静的生活吧，去迎接时代给我们的蜕变机会！

141 有的人不喜欢社会上出现的新现象，不赞同、不参与，甚至屏蔽。比如有人从来不看朋友圈，觉得发朋友圈的人是在炫耀；从来不看抖音，觉得都是些无聊的人在瞎折腾；不喜欢微商，觉得他们除了会做广告什么都不会……但是很多人通过朋友圈内容塑造出了自己的行业 IP；很多人在抖音上分享生活，就拥有了百万以上的粉丝；微商也已经成为市场新的销售渠道，不可逆转。你不喜欢，不代表它不发展；你不参与，不代表它不进步。你喜不喜欢不重要，你的顾客是否喜欢才重要。实体人要用开放的心态接受、融入新时代。

142　　在医院里，病人都希望医生给好药、给猛药，快点把病治好。当病好了以后，又开始吃吃喝喝，回归以前的生活状态，然后再次去医院，直到医生说："你的病我也治不了了。"可是在之前，医生一定也这样说过："你要注意保养身体，改掉原来的坏习惯。只有调养好身体，才能少生病。"

　　我们在市场上遇到的问题也一样，不可能用几个促销活动就搞定销售中的一切问题。只有真正关心市场变化、市场需求，从关注产品到关注人，用服务代替成交，我们才能预防"生病"。

143　　社群是基于互联网的新型人际关系，也是新型社交模式。随之产生的社群经济是后市场经济模式。在这个模式下，所有的交易互动都建立在价值认同的前提下。产品与人的关系顺序也由"产品到人"转变为"人到产品"。

144 对于销售人员来说,不能只考虑自己卖什么,而是要考虑消费者为什么买。以前讲"货真价实",互联网时代讲"爆品思维",现在讲"工匠精神",背后的逻辑都紧跟消费者的需求而变化。

145 身教重于言教。当你想改变身边的人,与其对他滔滔不绝地说教,不如自己默默去做。只要他内心有欲望,就会受你影响而随之改变。切忌做"自己打着麻将让旁边的孩子认真做作业"的事情!

146 要想让消费者忠诚,就要跟消费者建立感情。从宝洁首创"广告洗脑"开始,很多传统做品牌的方式就是用大规模的广告来给消费者"洗脑"。但在移动互联网、社交媒体出现后,这种打法已经落伍了。

147 跟消费者建立情感最好的方式是找到情感上的共鸣,而不是用社交形态来区分。天天叫卖似地宣传,就算是在互联网时代,也仍然是落后的。社交营销要做的是想办法帮助品牌跟消费者建立情感联系,而不是只在那里王婆卖瓜似地说:"我这里有很多优秀产品,你来了解一下吧。"

148 社群是连接企业和客户的桥梁。社群质量由群成员之间的关系质量决定，关系质量由社群输出的价值决定，社群输出的价值由社群定位决定。

149 任何事情都有两面性。新冠肺炎疫情的暴发也是经济的一次大洗牌，有受损的就一定有新增的，所有的商机都存在于大的变革后。让我们静下心来盘点自己哪些生活习惯和意识发生了变化？这些变化都会给疫情后的商业带来哪些影响？相信这场战役结束后，更多的商业机会将出现，你准备好了吗？

150 在商业升级的过程中，千万不要小看人们认知的升级。认知决定了人的行为，是社会运行的最底层逻辑。这个逻辑一旦被改变，商业结构将被重构和再造。新冠肺炎疫情之下的我们在认知上发生了很大变化，透过现象看本质，才会感悟到所有变化背后的商业机会。

151 成年人的世界，是90度的滑坡，只有不停用力爬，才有可能登顶。更残酷的是，稍微有一点松懈，就有可能滑落。你要相信，所有好走的路，都是下坡路。搞废一个人的方式特别简单，给他一个安静狭小的空间、一根网线，最好再加一个外卖电话。"温水煮青蛙"的确很舒服，但渐升的水温会吞没你对危险的感知，当你有所醒悟时，已经再也出不来了。

152 相由心生，长久之下你的内心思绪决定了你的面目长相。有人越来越好看，有人越来越难看，其实是他们的内心变化了。境由心生，当你的内心充满欢喜，你眼中的世界是美好的；内心充满悲伤，眼中的世界也到处都是不如意。

这两者相同的地方就是你的内心：拥有美好的内心，才是改变世界和我们的源泉。

153 不要忽视市场的变化，也别期待一切会恢复原样。唯有敬畏知识、敬畏努力，才会在竞争中占有一席之地。

154 十年的电商渠道不一定干得过半年的社群渠道。巨大的反差让我们真正体会到，纯粹的电商已经是传统渠道，社交新零售才是我们要面对和学习的新领域。

155 研究产品，没完没了；了解人性，一了百了。

156   我们知道什么是该做的，什么是不该做的，可为什么该做的不做？因为总感觉还没有到非做不可的时候，能拖就拖。再就是有畏难情绪，担心做不好。但真要到了非做不可、硬着头皮做的时候，又经常发现挡在面前的那座山一样的困难其实并没有出现。

很多所谓的困难都是自己假设出来的，只要做起来，就可以感受到机会与困难永远是并存的。我们太多时候只看重困难而忽略了机会。

157   人除了要有智商、情商，还要有"钱商"。传统的"钱商"衡量的是投资和理财的效率，"新钱商"更加注重消费对个人和家庭财富积累的影响。传统的"钱商"注重投资、理财，也就是以开源为主；"新钱商"注重合理的消费和减少不必要的开支，省出钱做更多自己喜欢的事情，也就是注重节流。

追求"新钱商"是不同年龄段人群、不同家庭的共同目标。广大商家要拥抱"新钱商时代"，从活动策划到营销推广，主动适应不同层次的消费者。跳出单维的优惠活动运维思路，更好地满足消费者到店前后的多元化需求，提升消费体验。

158 　　顾客正从投资驱动向消费驱动转型。各类人群的理性消费侧重不同，但精打细算、追求品质生活的目标一致。研究消费者，就要关心他的一切消费变化，并满足他的新需求。消费者告别品牌溢价，回归追求品质。降级不是降品质，而是追求更合理的价格。

159 　　学习本身改变的不仅仅是头脑里的知识，还会改变我们的很多习惯。我们需要放弃一些喜欢但是耗费时间的事，省出时间来学习。真正把学习当成一种生活方式的人，他原有的生活方式就会被打破。所以，你嘴上说你要做什么，跟你实际把时间花在哪里、做了什么是否一致呢？

160 　　对于实体企业来讲，必须要在最短时间内实现以下三点：

　　第一，渠道在线化。我们的客户不到门店，也能有购买产品的方式。虽然在当下门店开门受限，但不意味着客户不需要买东西，所以渠道在线化非常重要。在线化的方式可以是小程序、QQ空间、微信群、朋友圈、企业微信等。

第二，客户流量私域化。现在新流量的获取越来越难，大家一定要盘点自己的现有客户，激活以往的老客户，并且将这些跟你产生过交易和信任的客户进行社群化管理，成为真正属于自己的私域流量。

第三，客户关系数字化。以前客户买完东西就走了，你对他没有任何了解，给予的服务也是不精准的。现在门店留有客户的微信，就可以持续关注客户的身份、生活爱好以及工作动态，还可以了解客户向谁推荐了你的产品，针对他的贡献率给予更加个性化的服务，延长与客户关系的生命周期。

161　　微商在短短几年时间里就形成一种很有能量的销售方式，跟传统销售最大的差异是利益关系的改变。传统企业的商家和消费者之间是利益对立的关系，我想多卖钱、你想少花钱，相互博弈。而微商则是两者之间利益捆绑、统一立场的关系，今天你是我的客户，明天你就可以成为我的分销商，我们共同努力，再去找到下一位客户，然后把他转化为分销商。关系性质不同，结果就会不同：传统渠道的客户将陆续变成微商的合作伙伴。社交新零售的概念中，有类似微商、直销的概念，就是打造商家与顾客的利益共同体。而我们传统的实体人要思考，如何改变你跟客户的关系。

162 我在直播中提到过一个观点，引起很多人的共鸣。这个观点是这样说的："你有再多挑水的桶，也不如有一个盛水的缸。"大家学直播、短视频，都是在学习各种引流的方式，但是有再多的流量，不做"留量"处理，流量最终也都会流失掉。社群，就是存住流量的水缸。

163 一个看起来创意平平的视频，为什么在抖音里却有几十万甚至上百万的点击量？按照常规思维理解：要么我们不懂"审美"，要么这个账号一定花钱买了水军。实际上，他们使用了粉丝矩阵的方式。只要是在矩阵中的粉丝群，都会为彼此互推，当一个粉丝矩阵达到上千万，分分钟就可以使某个视频达到百万以上的点击量。这就是互联网思维的一种体现。当我们还在想着如何用一己之力达到目标时，很多人已经知道如何用相互成就的矩阵方式达到目标。随着技术的不断进步，营销的方式也在不断演变。

164 "门店＋视频＋社群＋线上商城"才是新零售场景。

165 　　在实体网络中，要把客户当消费者看，不要仅仅把他们当成你的客户看。只有走出固化思维模式，新零售才有做好的可能。

166 　　微信的全平台内容矩阵生态圈快要打造成闭环了：一开始读书、学习、看公众号，现在又增加了视频号，鼓励个人创作；增加了算法机制，提供了更多符合你的优质内容；搜一搜将扩大流量推送，目标是超过百度；全平台内容矩阵即将完成，实现流量内循环使用……一个微信就需要我们研究这么多。我们以前从不研究互联网，只是享受它带来的便利。但现在我们不研究微信，可能就做不好生意了。

167 　　一个时代有一个时代的特征，更有一个时代商业的玩法。如果被淘汰，不是你犯了什么错，而是你可能已经不适合这个时代了。

168 　　如果朋友圈的质量足够高，那么我们可以一直维持在自己朋友圈这个幂律分布的顶端节点（拥有连接数最多的节点）。这个时候，朋友圈转化率的期望值没有意义，因为它几乎是恒定的。朋友圈发布的数量不是关键，因为大部分朋友圈会被"淹没"，起决定性作用的实际上是我们获得的曝光量。所以，质量足够高，什么时间"人多"什么时间发。人多的时间就是互联网时代的"黄金时间"。

169　　门店是客户体验的地方，直播是"种草"销售的途径，视频是你的流动橱窗，社群是你管理客户的地方。只有真正做到线上线下融合，才算得上是一个合格的门店。

170　　义乌之行的感受：销售场景化，视频批量生产化，直播常态化，网红与实体企业无缝合作。总结一下，新生代会在就业压力大、新技术盛行、政府扶持力度大等多维状态下爆发出前所未有的能力。

171　　平台经济时代下，促进交流、降低成本已成共识。要么你成为一个平台，要么你加入一个平台！